无微不至
WU WEI BU ZHI

5分钟玩转微信营销

崔学良 高闯世 ◎ 著

立信会计出版社
LIXIN ACCOUNTING PUBLISHING HOUSE

图书在版编目（CIP）数据

无微不至 / 崔学良，高闯世著 .—上海：立信会计出版社，2015.5
ISBN 978-7-5429-4536-5

Ⅰ . ①无…　Ⅱ . ①崔… ②高…　Ⅲ . ①网络营销
Ⅳ . ① F713.36

中国版本图书馆 CIP 数据核字（2015）第 068481 号

策划编辑　蔡伟莉
责任编辑　方士华
封面设计　水玉银文化

无微不至

出版发行	立信会计出版社	
地　　址	上海市中山西路 2230 号	邮政编码　200235
电　　话	（021）64411389	传　　真　（021）64411325
网　　址	www.lixinaph.com	电子邮箱　lxaph@sh163.net
网上书店	www.shlx.net	电　　话　（021）64411071
经　　销	各地新华书店	

印　　刷	三河市祥达印刷包装有限公司
开　　本	710 毫米 ×1000 毫米　1/16
印　　张	13.25
字　　数	168 千字
版　　次	2015 年 5 月第 1 版
印　　次	2015 年 5 月第 1 次
书　　号	978-7-5429-4536-5/F
定　　价	32.80 元

如有印订差错，请与本社联系调换

前言

　　互联网影响和改变了我们的生活，而移动互联网将使这样的改变更为深化。基于移动互联网发展而来的微信，改变的则将是我们的商业世界。微信从诞生到现在，其发展速度已经大大超越了人们的想象。微信刚出现的时候，谁也没有想到它会颠覆移动通讯行业的格局。时至今日，微信所带来的移动通讯业务的升级和换代，已经让移动运营服务商如坐针毡。当然，微信所带来的不仅是通讯技术的革命，它正在布局基于移动互联网的商业平台。

　　如果说马云是互联网商业时代的王者，那么马化腾就可能成为移动互联网商业时代的巨人。2013 年 3 月 31 日，在深圳 IT 领袖峰会上，阿里巴巴董事局主席马云对腾讯董事局主席马化腾如是说，"你的微信让我很紧张。"当然，让马云紧张的不仅仅是微信的语音功能，基于微信的移动互联网营销平台才是让马云紧张的焦点。为了应对移动互联网的发展，阿里巴巴用 5.86 亿美元换来了新浪微博 18% 的股份，被业内人士视作 2013 年中国互联网最剧烈的一次化学反应的战略合作,让我们深切地体会到了移动互联网时代群雄争霸的局面已经悄然开幕。

现在,已经有越来越多的企业开始关注微信给企业营销带来的商业价值。许多企业已经不局限于互联网时代"守株待兔"式的商业模式,新的体验式、互动式营销模式的建立,使这些企业获得更强劲的增长引擎,更使一部分企业获得了重生。

基于微信开放平台的营销模式的建立,让很多企业开始受益于微信所带来的营销价值。例如,南方航空最近就开放了基于微信的自助登机业务,从办理登机牌到自选座位,这些都可以在微信平台下完成。越来越多的企业开始熟悉并应用微信营销。当然,微信的营销价值不仅于此,可以说,微信的营销价值无限大。因为在微信的营销价值架构中,微信的开发者并没有设立更多的障碍。

微信的营销价值是在开发者和使用者不断的探索和实践中逐渐形成的,在这个过程中,既需要开发者对微信营销价值的高度聚焦,也需要微信的使用者对微信营销价值进行二次开发。作为一个新兴的营销载体,我们在给予高度期望的同时,也要审慎对待微信在营销价值上的贡献。过度的开发及不合理的滥用,只会导致一个全新营销载体的衰亡。我们在珍惜微信作为一个营销平台的同时,更加应该从可持续发展的角度,去研究、开发和利用微信的每一个营销价值。

在本书的写作之际,正是微信营销快速崛起的时候,对于一个全新的营销载体,我们都是试图用全新的视角与我们的营销实践更为巧妙地结合起来。所有从事微信营销的朋友,都是以一种探索和敬仰之心,来对微信的营销价值进行开发和实践。由于时间仓促以及关于微信营销的案例十分有限,为了更好地全景呈现微信营销的商业价值,不免借鉴了目前较为成功的微信营销案例,在此向对本书贡献案例的朋友们表示衷心的感谢,正是有了你们的付出,才让我们的微信营销得以快速的发展和提升。

在此书完成之际，感谢吉林大学商学院张金山教授对此书的建设性指导，感谢哈尔滨工业大学研究生院韩喜双教授对此书营销方面的指导，感谢荆涛、云舒、李治江等老师对于微信营销研究方面的贡献。感谢圣象集团翁少斌总裁对于作者的关注和支持，感谢圣象集团执行总裁郭辉先生对于微信营销实践模式的指导，感谢圣象集团人力资源部总经理冯秀琴女士对作者在写作过程中的指导和建议。感谢圣象管理学院蒋武、路露、苏岚、刘金涛、李新、范水晶等老师对此书案例方面的贡献。特别感谢柏恂燕老师对本书的文字校对工作。同时，感谢我的家人对我的营销实践工作给予的无私支持和帮助。

微信营销是一个常变常新的过程，在此书写作过程中，微信营销也在悄然地发生着变化。在这里，我们无法穷尽微信营销的所有成功案例和模式。我们更多地希望对于微信营销的研究能够推动微信对中国企业营销创新的应用，助力更多的中国企业在微信营销上实现跨越和发展。

目 录

01

为什么要做微信营销

　　微信从诞生之日起到实现第3亿个用户用了不到3年时间。在短短的3年时间内，是什么让微信如此强势？微信究竟是什么？究竟都有谁在使用微信？微信是怎样改变和影响我们生活的？我们对微信究竟了解多少？微信会是微博的替代品吗？在一个人人都有"麦克风"的自媒体时代，微信究竟会为我们带来哪些营销的改变。下面就让我们一点一点地来揭开微信营销的神秘面纱……

02

微信营销凭啥这么"火"

　　微信基于腾讯强大的客户群，在一夜之间占据了无数人的手机终端。在这个自媒体爆炸式发展的今天，消费者已经开始有选择地接受媒体的信息，消费者更加看重自我的判断，以及与其相关群体的选择，他们宁愿更加相信朋友推荐的信息。在强大的自媒体、移动社交媒体和微营销模式的推动下，微信营销变得水到渠成。在微信一对一的信息传播背后，孕育着更多的企业营销机会。

03

微信营销VS其他网络营销

　　相对于微博营销模式的日渐乏力，微信营销正散发着无与伦比的魅力。微信营销的核心价值究竟在哪里？如何实现微信营销与微博营销模式的有机集合，实现个体需求与企业需求的有机融合，都是微信营销必须考量的营销机会，从而有效发挥微营销的整合作用，最大限度地提升微信营销的战略价值。

04

如何做好微信营销

要想玩转微信，就必须真正地了解微信。要想真正玩转微信营销，就必须掌握微信的营销规则。合理地发挥微信的营销价值，科学地使用微信的功能，都要建立在对微信熟练使用的基础上。玩转微信营销先从玩转微信开始。

05

微信达人们是如何抢占定位优势的

哪些人已经成功使用了微信？他们是如何玩转微信营销的？哪些企业已经抢占了微信营销的先位优势？他们是如何最大限度地发挥微信营销价值的？向已经成功使用微信营销的人学习微信营销的技巧和方法，能让我们的微信营销更具价值。微信营销已经来袭，你准备好了吗？

01

为什么要做微信营销

　　微信从诞生之日起到实现第 3 亿个用户用了不到 3 年时间。在短短的 3 年时间内，是什么让微信如此强势？微信究竟是什么？究竟都有谁在使用微信？微信是怎样改变和影响我们生活的？我们对微信究竟了解多少？微信会是微博的替代品吗？在一个人人都有"麦克风"的自媒体时代，微信究竟会为我们带来哪些营销的改变。下面就让我们一点一点地来揭开微信营销的神秘面纱……

"微"在《说文解字》中是这样解释的:"微,隐行也。"在《广雅·释诂二》中"微"是这样解释的:"微,小也。""信"书信,信件,属于很私人化的东西。清代袁枚在《祭妹文》中写道"函使报信"。如果按照古汉语对"微"、"信"的解释,我们把微信解释为"微小的书信"的话,那么我们就错了。因为微信不仅仅是微小的书信,它已经颠覆了文字的概念。微信不仅可以发送文字,它还可以发送图片、视频和语音等信息。

微信的出现似乎在昭示着一个新的时代的到来,它正悄悄地改变着我们的生活。随着移动互联网的迅猛发展,或将预示着网络发展的重心由 PC 时代转向移动帝国时期。有互联网知名人士分析说,人们的沟通方式也逐渐由 PC 时代走向移动互联时代。随着智能手机、平板电脑的普及,3G 网络的覆盖,Wi-Fi 热点的增加以及微信的强势来袭,人们的沟通方式迎来了一个全新的变革,人们之间的关系开始变得更紧密和即时。

微信作为沟通工具,天然具备营销基因,对于营销人员来说,稍加利用便威力无穷。正如很多营销人员所认为的,微信的出现让复杂的客户关系维护和管理变得简单许多,微信在客户推广和开发上的作用,已经超过了现有的所有即时通讯工具。朋友圈"人以群分"聚集的相似人群,可以让产品或服务信息在相似人群的朋友圈里"臭味相投",这样可以实现服务一个好友,带动一"圈"人。公众账号后台对关注者的区域管理、好友分组、备注、关键词回复等功能,使营销人的工作效率被有效提高，微信所带来的一个全新的营销时代即将来袭，此时此刻，你准备好了吗？

第一节　微信的由来

可能你早已经知道 QQ 是腾讯的王牌，目前，从长远来看，微信更是王牌中的王牌，2011 年 1 月 21 日，腾讯推出了一款即时通讯应用软件——微信。作为一款即时通讯软件，微信不仅支持发送语音短信、视频、图片和文字，同时也支持多名网友同时进行群聊。作为一款即时通讯软件，在腾讯网站、QQ、QQ 邮箱、各种户外广告和旗下产品不断宣传和推广下，尤其在以用户手机通讯录和 QQ 好友为核心关系链的衍生带动下，微信的用户数量以迅雷不及掩耳之势在迅猛增长。

根据 2011 年 11 月微信团队公布的官方数据，仅仅 10 个多月的时间，微信注册用户就突破了 5000 万，在这 5000 万的微信用户中活跃用户占到 2000 万，而 25 ~ 30 岁年龄段的用户估计超过了 50%。这些用户主要分布在一线大城市，最多的用户职业是白领，超过总注册人数的 24%。其中在 iOS、Android、Symbian 平台上的用户分别占 25%、25%、50%。不过据统计，大部分微信用户都是从腾讯旗下其他各种产品过渡而来的。这一点，足以证明腾讯强大的客户资源和基础。

2012 年 3 月 29 日，距微信上市时隔仅仅 1 年多时间，腾讯公司的老板马化腾通过腾讯微博宣布微信用户已经突破 1 亿大关，在这么短的时间内就聚集了如此多的用户，是很少有应用软件可以实现的，而到了 2012 年年底，微信的统计用户数量竟然已经超过了 3 亿。注册用户的几何放大作用在这里显现得淋漓尽致。

"3 亿，又一个里程碑。2013，期待微信走向世界！"2013 年 1 月 15 日 22：22，微信团队在其腾讯官方微博上宣布用户数达到 3 亿，CEO 马化腾即刻转发了该微博（见图 1–1），其意味深长的评论也让微信在用户数达到 3 亿之后的走向初显端倪。2014 年微信官方并没有公布具体数字，目前数字显示：从 0 到 1 亿，14 个月；用 1 亿到 2 亿用了半年；2 亿到 3 亿，约 4 个月见图 1-2；此后每 5 个月增长 1 亿。2013 年 11 月官方公布 6 亿用户数据后，没有再发布用户数据情况。排除一机多号、一号多机的情况，微信在智能手机中渗透率接近 100%！加上智能手机几近普及，近 2 年仍将保持高速增长，另外微信海外拓展也相当顺利，根据此种种形势估算 2014 年年底微信用户有望突破 10 亿。

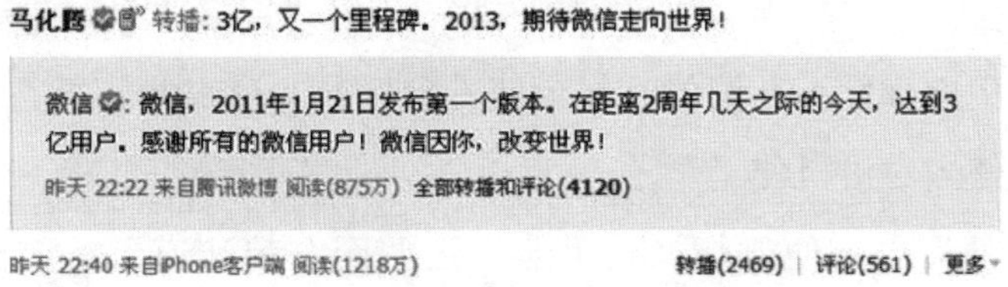

图 1-1　马化腾转发的微博

现在，我们在生活中经常看到很多年轻人把手机当对讲机用的人，如果在以前你不知道他们在用微信还有情可原，但是时至今日，如果你不知道他们在用微信，那么说明你已经"OUT"了。正如李开复所说，"微信已经成为互联网历史上增长最快的一款新软件"。

时至今日，微信已经不是大城市年轻人的专利，微信已经成为智能手机必备的装机软件，我们曾经做过调查，在年轻人群中，使用微信的频率已经超过微博。也许这正是微信得以快速发展的主要原因。

图 1-2　微信用户的增长

　　微信高层曾经在 2011 年 11 月的时候表示，当时微信的活跃用户占到注册用户的 2/5。按照这样的比例，2013 年年初，微信至少是 3 亿人手机里必装的软件，同时也是这 1.2 亿活跃用户最经常使用的沟通工具，现在 2014 年早已证实当初的推测。有许多微信用户都曾这样说过，微信这个语音通讯应用已经颠覆了他们的生活习惯。他们基本上每天都挂着微信，觉得上 QQ 还要打字，上微信用语音聊天很方便，而且，传送也很快，容量也大，并且不受时间和地点的限制。微信的使用也非常便利，如果是 QQ 用户，只需要跟 QQ 关联一下就可以接收 QQ 的离线文字。这样，当用户微信不在线的时候也能看到好友发过来的信息。还有很多用户拿微信当对讲机使。

　　同时微信也方便群聊，动手能力强的网友都知道只需要建立一个群，便可以在群里喊话，群里的好友都可以听到。不仅如此，微信分享也是相对封闭的。用户黄海峰说：微信相对于微博来说，更加具有隐私性，当朋友之间分享一些东西的时候，就可以只在朋友圈内分享，而非好友就看不到我发布的信息。这就是我觉得微信更加值得信赖的一个主要原因。

　　基于微信的这个功能，互联网上传出了很多有关微信可能颠覆微博的消息。面对微信的威胁，最新版的新浪微博也添加了"密友"功能，也就是通过设置，可以让部分微博只让密友看到。这样的改进，显然是针对网友的这种声音。另一个受到威胁的，是很多第三方移动应用，甚至是苹果 iOS 和谷歌安卓的生态系统。互联网专家王越说，微信有可能成为新的第三方应用载体。王越表示在过去两年移动平台主流系统的选择之外，现在又多了一个微信的平台可以供大范围的第三方开发者去做选择，很多人可能直接从微信切入去寻找他们的商业模式。这也是我们要努力去研究微信营销的原因。构建一个第三方应用平台，不仅能够最大限度地发挥微信的整合作用，还可以实现微信营销价值的最大化。

　　有很多人表示，之所以微信能够这样爆发性增长，其根本原因在于微信背靠着腾讯这棵大树，其快速发展得益于腾讯产品巨大的客户资源的支持。也正因微信拥有腾讯的强大支持，其发展初期都是以发展用户为根本，这与腾讯公司创业之初推出的 QQ 产品如出一辙。当拥有了海量的用户群，商业价值才会涌现，这是一切网络商业模式的基础。当微信把同类产品米聊、飞聊、陌陌、比邻等远远地甩开之后，微信才真正发力，开始构建自己的商业模式，并实现真正的盈利。强大的用户资源，使在国内唯有拥有 3.09 亿用户的新浪微博和微信的同门兄弟 QQ 可与微信相比，在这些海量用户的背后孕育着的巨大商机是不言而喻的，可是如何粘住已有客户，并且在不伤害用户利益的基础上，最大限度发挥微信的商业价值，是微信营销必须要考虑的问题。

　　微信的出现和发展还颠覆了其他即时通讯产品的商业模式。首先遭殃的就是手机即时通讯工具：短信。据工信部 2012 年统计数据显示，截至 2012 年 11 月，三大运营商移动短信业务量比去年同期仅增长 2.3%，相比之前超过 6% 的增速明显放缓。这与微信的快速发展必然成正相关，越来越多的短信用户开始转为使用微信，因为微信的使用更加便捷和便宜，同时使用微信也富有时尚感和乐趣。国内的移动运营服务商面对微信对于短信业务的威胁，在 2013 年初试图提出通过收费的方式，来降低微信快速发展对其自身业务的影响。

　　下一个将受到微信威胁的就是各种社交应用软件。微信已经不仅仅是一个即时通讯服务应用，它已经是一种圈子文化的体现。有很多用户对微信的朋友圈功能颇感兴趣，就是基于微信的这一社交特性。相对于其他社交应用，微信的一对一互动交流模式更具有良好的互动性，基于用户关系圈的信息的精准推送，更让用户的关系网迅速形成，相对于复杂的关系网建立来说，微信的使用使一切变得更为简单。基于微信海量客户的基础，发挥微信的种种功能优势，借助微信平台开展营销活动也成为继微博之后的又一新兴营销渠道。这种迅速而精准的信息推送模式，让微信在营销实践中更加具有优势，而其他即时通讯软件显然就不具备微信这样的优势。

据腾讯内部人士透露，随着微信用户的不断发展，以及对微信功能的逐渐开发，微信的商业模式已经日渐清晰。同时基于微信的游戏平台建设，也成为腾讯产品发展的必然选择。这与腾讯产品推广的风格极其相似，依靠微信吸引众多的用户，再依靠游戏等黏性较高的产品，来维系用户对产品的高度关注和使用。这种正相关的产品设计模式，让同行不寒而栗。但在某些互联网专家看来，如果只放眼游戏，难免有些小气。互联网专家王越认为，微信的第一功能是通讯，这是绑定住用户的一个方法。第二是社交。第三是各种各样的能够与各行各业结合的多元化需求，可以做游戏、可以做电商。当然，这一切假设都是基于海量用户的基础上做出的。

以腾讯的资源优势来讲，腾讯最擅长的就是通过海量用户的积累来实现商业价值，游戏产品的黏度足以给腾讯公司决策层巨大的信心。但是从微信现在的产品发展格局来看，腾讯似乎更加希望能够把微信开发成为一个创新平台，而不仅仅把微信变成一个游戏平台。腾讯内部人士透露："微信的战略定位是将它当成移动互联网的一个主要工具和入口，借助它，可以实现从线上到线下的一整套服务。"从这一言论可以看出微信的"醉翁之意"，腾讯希望通过对微信的功能整合实现更大的商业价值。在未来，我们似乎可以享受这样的服务：当我们走在大街上，突然附近的某些商户借助"附近的人"的功能找到你，邀请你去他们店里逛一逛。或者是，你可以通过更加成熟的二维码、微信会员卡进行便捷、优惠的消费。而腾讯作为平台的搭建者必然会成为最大的受益者。

现在已经有很多微信用户享受到了这一服务，在微信的会员卡功能中，在某些能够提供微信营销的商户，当微信用户打开微信的会员卡，里面所有的促销商品都会呈现出来，用户可以根据会员卡的推荐来进行选购，这些所提供的商品都有一定的折扣。

相对于目前的营销实践，微信还有巨大的提升空间，以腾讯的商业能力，相信微信将被给予更多的关注。从目前对微信的产品规划来看，腾讯的目标绝不是提供简单的语音聊天服务。相对于其他的电子商务而言，基于微信平台的电商模式的搭建将成为腾讯在电商领域的又一个突破口，相信腾讯不会放过这样的机会。在这一方面，有的企业已经开始大胆尝试，利用微信平台实现其业务模式，例如，2013 年春运期间，南方航空就基于微信平台开通了为乘客提供办理登机牌、选择座位等增值服务。从用户使用的情况来看，效果良好。用户刘卫峰说，南航开通的通过微信办理登机服务的业务，对于商旅人士是一个很好的增值服务——流程繁琐的业务在手机上就可以轻松搞定。相信这类微信业务的不断推出，能够让更多的企业和用户受益。

当然，微信还必须创建电商模式与微信之间的互联，这是微信需要突破的瓶颈。这要看腾讯的电商业务能否和微信很好地结合起来。而目前，众多对微信营销进行研究的专家学者，都致力于微信的营销实践的研究，这在一定程度上能够助力微信发挥营销工具的作用。对于微信来说，它的另一个发展瓶颈，可能来自于腾讯自己。最直观的例子是：在微信和 QQ 相互联通后，有多少人还在用移动 QQ 呢？如何在努力发展微信的同时，又不会降低 QQ 用户的黏度？QQ 用户与微信用户之间如何实现平衡和取舍呢？所以，在某种程度上，微信在发展的同时，也在威胁着腾讯最核心产品——QQ。微信未来的发展在很大程度上取决于腾讯内部对产品发展的规划。在加快微信发展的同时，平衡腾讯产品的关系，将是腾讯未来一段时间内需要关注的重点。

微信作为腾讯的主要战略性产品，在产品定位上与其他产品有所区别。一般用户以微信的基本使用功能为主、公共平台以营销推广为主，开放平台以 APP 开发为主。依照微信功能的配置，使用的重点也有所区别。

第二节　什么是微信营销

提及微信我们必然要谈及微博，要了解微信营销也必然要涉及微博营销。微博营销在 2012 年可谓红得发紫，如果哪家企业没有从事微博营销都好像是没有开展营销一样。那么究竟什么是微博营销？微博营销是指通过微博平台为商家、个人等创造价值而执行的一种营销方式。微博营销的方式更加注重信息的传递和内容的互动。微博营销的发展是基于微博的迅猛发展，目前，国内新浪微博拥有注册用户已突破 5.03 亿大关，用户平均每日发博量超过 1 亿条。如此海量的用户和信息，让微博营销成为众多商家追逐的焦点。微博营销除了企业官方微博发布的各类信息之外，一些草根名人、商界名流、明星艺人等也纷纷入驻微博平台开展品牌宣传和推广。目前，微博营销涉及的范围包括认证、有效粉丝、话题、名博、开放平台、整体运营等。微博帮助很多普通人实现了与明星大腕亲密接触的机会，并且通过微博了解了很多的意向信息，当然，微博营销也有微博内容更新过快，导致目标受众无法直接感知、无法直接促进产品销售等缺点。而微信营销是移动互联网时代企业营销模式的一种创新，是伴随着移动互联网技术的发展而产生的一种营销方式。微信不存在距离的限制，用户注册微信后，可与周围同样注册的"朋友"形成一种联系，用户可以订阅自己所需的信息，屏蔽无关的信息干扰，商家则通过提供用户需要的信息，来推广自己的产品，进行点对点的营销。

2012 年年底，许多微博的大号不断在腾讯微博和新浪微博公布自己的官方微信账号，号召广大粉丝进行关注。建立在微信公众平台上的官方账号，已经成为王力宏、南方周末、京东商城等明星、媒体、商家的另一个媒体推广通道。对于用户来说，可以通过扫描二维码的方式加以订阅，并实现关注，这与微信的产品功能策略密切相关。微信对于腾讯来说一直是一个重要的战略产品，其对功能的控制可谓极其苛刻。微信姗姗来迟的开放公众平台，以及之后把微信公众平台分为服务号和订阅号，直到2012年8月18日，微信才悄悄发布公共平台。公共平台开放后不久，许多"虎视眈眈"已久的微博大号迅速参与其中，这中间包括南方周末、湖南卫视等颇具影响力的媒体，也包括京东商城、凡客诚品等一大批企业。

凡客诚品新媒体推广部总监罗林志称，他们关注微信开放平台许久，并曾发邮件询问加入方法，但并未得到回复。而另一位知名微博大号透露了他们如此积极的原因："这就像当初的新浪微博一样，谁也不知道它是否会火，但至少要先占一个位置。"在业界看来，这一平台向公众开放，意味着该产品已经明确了它的发展方向，开始启航。对于普通用户而言，这是一种全新的沟通场景：每人都可以用一个QQ号码，打造自己的微信公众号，并在微信平台上实现和特定群体的文字、图片、语音的全方位沟通互动。作为企业来说，正在努力构建一个媒体营销平台，而对于一般用户来说，可以通过微信公共平台，打造自己的自媒体平台，一夜成名也许在这个平台上并不是痴人说梦。

我们的大胆预测基本被证实，二维码或开启O2O（英文Online To Offline的简写，即线下商务机会与互联网结合，让互联网成为线下交易的前台）营销新模式。目前，微信在公众平台官网上陈列了三个案例，分别是二维码订阅、消息推送和品牌传播。其中通过发布公众号二维码，让微信用户随手订阅，已被众多微博大号采用。而消息推送，则是基于后台的用户分组和地域控制，实现精准的消息推送。这一功能对于企业用户来说绝对是一个好消息，针对市场细分实现精准营销是无数企业的梦想，也许借助微信平台，这个梦想似乎不难实现。对于企业来说，将更加关注微信的品牌传播，通过二维码扫描功能，开拓出O2O营销新模式。图1-3为笔者本人的微信公众平台二维码。

图 1-3 崔学良微信公众平台二维码

在微信中，用户可以通过扫描识别二维码身份来添加朋友、关注企业账号。企业可以设定自己品牌的二维码，用折扣和优惠来吸引用户关注，开拓 O2O 营销模式。值得注意的是，微信可以借助个人昵称、签名和朋友圈，实现品牌的病毒式传播。这相对于其他营销模式更加快速和精准。

以微信会员卡为核心的会员推广方式，已经成为微信营销最为直接的方式。以深圳大型商场海岸城"开启微信会员卡"搭建移动会员体系为例。微信用户只要使用微信扫描海岸城专属二维码，即可免费获得海岸城手机会员卡，凭此享受到众多优惠特权。此后，用户不必携带实体会员卡，也能第一时间得知商家信息并享受特权。当前，深圳的大饱口福、许留山、面包新语、味千拉面、仙踪林、禾绿回转寿司、棒约翰、思妍丽等 20 多家商铺成为商场首批微信会员卡的支持商家。相同的市场细分人群在同一类型的商业模式下得到了很好的细分。图 1-4 为某商家的微信二维码会员卡促销

图 1-4 某商家的微信二维码会员卡
促销广告

广告。

会员卡的发布和会员注册，以及会员对会员卡的使用，已经成为普遍的营销模式。但是对于会员式营销模式，快速而精准的发卡是最大的前提。携程网创业前期的海量派卡模式，显然在当前的营销环境已无法再行复制。通过微信进行会员卡发放的营销模式已经得到了很好的证明。2012年6月20日，周六，在全球第一冰淇淋连锁品牌"DQ冰雪皇后"上海连锁店，发卡量高达4013张，平均8秒发出一张卡。2012年7月27日，星期五，这天深圳下起了暴雨，但微信会员卡的发卡量却高达3215张，平均11秒发出一张卡。相信这样的发卡速度很难通过企业传统营销行为来实现，而这正是微信的营销魅力所在，在最短的时间内将更多的信息分享给众多的目标消费者。这也许是微信推出公众平台之初就预料到的营销模式。在微信平台登录页面最底部有一句标语，内容为"我的品牌，上亿人看见"，展示了微信对品牌平台的自信，更迸发出对商家的无限诱惑。

国内的一些中小型企业，包括美肤汇等开始利用微信独有的特性，进行本地营销推广，并且推出微信会员卡，利用公众账号进行微信客服、预定等相关服务。还有一些B2C（Business-to-Customer，商家对顾客）网站通过微信的第三方接口，进行商品分享、品牌传播及信息传递。除了这些，还有名人、明星、大型媒体和机构纷纷创建微信公众账号，进行二维码的推广和精准的信息传递。一些品牌商家也开始通过公众账号推广产品，传播品牌，并相继推出会员卡、优惠等，把LBS（Location Based Services，基于位置的服务）完全融进O2O，国内知名的案例有星巴克、美丽说、蘑菇街等。一个比微博营销更具商业魅力的营销模式，正在发挥着微博营销无法比拟的商业优势。

有位微信用户为淘宝卖家，利用"双12"做微信营销推广。该卖家无微信粉丝，需要借助其他大号推广。前一日总共选取了10个与该卖家所售商品比较匹配的微信公众平台草根大号，活动主题为"双12微信用户商品免费送，送完为止"。进行了图文专题发送，用户点击图文专题后，跳转至淘宝卖家 WAP 购买页面。当日总共覆盖了100万微信用户，点击量4万，实现购买500单。

根据微信营销专家程小永的实践总结，在 PC 互联网上，网络广告点击转化率最高为0.5%，销售转化率最高为0.5%×3%，即1.5‰；而微博的转化率也相对较低，微博更多的是一个口碑传播平台。但是我们在微信上可以看到，无论是点击率还是 CPS（Commodity Promotion Solution，商品推广解决方案）转化率都非常高，点击率可以达到11.5%，CPS 销售转化率也高得惊人，这也是为什么淘宝卖家疯狂"围赌"微信营销的原因。

对于微信来说，微信中一对一的好友关系拥有天然的转化优势，这种超高的转化率是建立在好友之间信任的基础上，这与商品的转介绍营销模式不谋而合。我们都知道转介绍成功的基础是介绍人和被介绍人之间的信任关系，关系越密切介绍的成功概率就越高。同时，我们都知道这样的俗语：物以类聚，人以群分。在这样的假设下，好友之间具有天然的相似性，而这种相似性是我们做好市场细分的基础。他们的经历相近、年龄相仿、生活方式趋同、消费能力接近。因此，好友之间的信息推送具有天然的亲近感。而这种亲近感就是做好一切营销的基础。

在对消费者购买行为的研究中，我们不难发现，好友之间的推荐具有天然优势，我们更加容易相信好友的推荐，同时受羊群效应的影响，消费者更加相信已经购买并使用过相关产品的好友推荐。这似乎也就是为什么像安利这样的直销公司喜欢用熟人推荐的方式来推销产品的原因吧。众多营销专业人士一直试图通过社交购物网站推荐更多的消费者购买，可是效果总是差强人意。但是，微信所具有的独特的人际关系链却给了转介绍更多的成功机会。

对于微信用户来说，微信不仅仅是一个一对一联系的通讯工具，更是通过一对一的关系建立起彼此信任的平台。很多企业和品牌虽然是用公众账号来做营销，但人们还是会因为思维惯性而对它们产生信赖感。无论从品牌好感上，还是从商务转化上，都是其他互联网、移动互联网渠道所无法比拟的。

对于众多微信用户来说，微信还是一个新鲜事物，越来越多的人习惯于频繁使用微信，并愿意接受微信公众账号推荐的商品信息。目前微博的营销模式已经有所乏力，受微博营销内容的限制，微博营销更多地停留在信息的传播上，对于互动性感知较差。微博的网状关系更适合企业品牌的传播，而微信的一对一关系模式更适合深入的交流，而这种深度互动才是实现营销目标的基础。作为一个自媒体平台，微博的天然特性更适合品牌传播，微博的传播广度和速度惊人，但传播深度及互动深度不及微信。我们可以把微博平台试想成一个演讲场所，一人在上面讲，其他人在下面听，只不过偶尔有人应答而已。而微信更像两个好友在冬日下午的茶楼泡上一壶普洱席地而坐，彼此交流内心世界，这种效果的深度和广度不言而喻。所以对商家、品牌来说，若要更深入地与客户产生交互、转化，微信是最好的选择，微信好友间的信赖是实现高转化率的基础。

随着微信不断的壮大，越来越多的人会意识到这是一个大金矿，微信的一对一关系型目标消费者群体，以及微信本身所具备的 LBS 定位功能，都让微信成为点对点营销的利器。利用好微信用户的关系和细分市场，借助点对点营销的精准特性，实现营销信息向购买行为的转化，这是企业微信营销需要驾驭的方向。

在移动社交应用风靡全球的时代，我们能从热门的微信中看到什么营销商机呢？某位互联网资深投资人就公开表明，他今后再也不投资互联网，而只投资移动互联网。并且，在微博营销和微信营销之间，他更看好微信营销。移动互联网就像互联网的出现一样，都在逐渐改变着我们的生活，也改变着企业的营销模式。在未来谁抓住的了发展的趋势，谁就抓住了市场，而微信营销的出现和发展恰恰就给了我们一个广阔的市场空间。

第三节　微信是微博的 2.0 吗

微博，即微博客（MicroBlog）的简称，是一个基于用户关系信息分享、传播及获取的平台，用户可以通过 WEB、WAP 等各种客户端组建个人社区，以 140 字左右的文字更新信息，并实现即时分享。最早也是最著名的微博是美国 Twitter。中国最早的微博平台是 2007 年 4 月上线的叽歪，随后饭否、做啥、腾讯滔滔和 Plurk 等类微博网站纷纷上线。直至 2009 年 8 月中国门户网站新浪推出"新浪微博"内测版，成为门户网站中第一家提供微博服务的网站，微博也正式进入中文上网主流人群的视野。

随着微博的快速发展，新浪微博以摧枯拉朽之势横扫各路英豪，成为微博中的翘楚，也以其独特的魅力征服了互联网世界，成为最流行的词汇之一。伴随着新浪微博的快速发展，搜狐微博、人民微博、网易微博、腾讯微博等纷纷上线，一场微博争夺战随之打响。大批名人志士被各大网站招揽至麾下，各路名人也以微博为平台，在网络世界里聚集人气，树立个人品牌和网络号召力。同样，微博作为新的传播工具也造就了无数的草根明星，从默默无闻到新的话语传播者，往往只在一夜之间、寥寥数语，竟然被无数屌丝疯狂追随。2009 年 7 月中旬开始，国内大批老牌微博产品受制于其他微博平台的快速发展而停止运营。与此同时，一批新的微博产品也开始进入人们的视野，像叽歪、Follow5、9911，以及 2009 年 8 月开放的新浪微博，其中 Follow5 在 2009 年 7 月 19 日孙楠大连演唱会上首次亮相，是国内第一次将微博直播引入大型演艺活动的微博平台，这与 Twitter 当年的崛起和发展颇有几分相似之处。

2010 年，国内微博产业迎来了一个崭新的春天，各微博平台犹如雨后春笋般迅猛崛起。新浪、搜狐、网易、腾讯四大门户网站均开设微博，以迎接微博兴起的大潮。

2011 年 7 月 19 日，中国互联网络信息中心（CNNIC）发布《第 28 次中国互联网络发展状况统计报告》，报告显示，2011 年上半年，中国微博用户从 6331 万增至 1.95 亿，增长约 2 倍。该报告还指出，中国互联网的普及率增至 36.2%，较 2010 年增加 1.9%。微博在网民中的普及率从 13.8% 增至 40.2%。从 2010 年底至今，手机微博在网民中的使用率从 15.5% 上升到 34%。

2012 年，中国社科文献出版社在京发布的《新媒体蓝皮书：中国新媒体发展报告（2012）》中指出，微博作为一种新型媒介工具，其传播和发展对于推动社会发展有着积极的作用，但其负面效应也很显著，各类虚假信息迅速泛滥。同时，中国微博发展快，用户增长迅速，自然也容易滋生一些新的问题。

据中国互联网信息中心统计和有关微博研究报告指出，中国政府积极开启微博，开启了中国新媒体政治和社会治理新时代。

2012 年 2 月 28 日，新浪发布了 2011 年第四季度及全年财报。根据财报显示，新浪微博注册用户已突破 3 亿大关，用户每日发博量超过 1 亿条。日活跃用户比例为 9%。新浪首席执行官兼总裁曹国伟表示，2011 年，新浪微博用户总量、每日发博量、日活跃用户总数等同比上一年增长了约 300%。他表示，2012 年新浪将继续向微博投资约 1.6 亿美元，充分利用社交媒体、用户关系和门户的领先地位来提升中国的数字媒体用户体验。"希望通过进一步投资，建立更为强大的微博社交媒体平台，并围绕这一平台产生一个强大的微博生态系统，以在长期获得更大的回报。"新浪微博得益于抢占了先机，而且在整体的战略执行上也比较彻底，所以获得了微博的领导地位。仅仅两年时间，新浪微博就为新浪创造了几十亿美金的价值。

而另一个微博巨头是腾讯微博，也呈现出发展迅猛的态势，借力于腾讯所拥有的近 5 亿 QQ 注册用户、2 亿左右的活跃用户。腾讯微博借助其产品的巨大黏性，迅速发展其微博注册会员。这部分人群很容易受潮流趋势的影响而开通腾讯微博。同时，腾讯微博的注册用户可以通过腾讯微博与 QQ 好友和腾讯微博上的其他用户进行信息分享。另外，微博作为一个重要的信息推广渠道。企业用户通过注册腾讯官方微博，得到认证后，能够迅速扩大企业的知名度以及提高企业核心竞争力。个人用户通过腾讯微博，也能在微博平台进行个人的推广。

微博作为可以快速传播的社会化媒体，也对社会的发展起着监督和制约的作用，很多社会事件的揭露都来自于微博平台。2013 年 2 月，有微博曝光，格力集团的总裁周少强，因 1 月在华发会馆主持的银企合作交流座谈会工作晚餐消费高达 37517 元，因为此事件，当事人周少强于 2 月 5 日被珠海市纪委停职。

微博的最大优势在于其信息量大，传播快，但由于受微博本身功能的限制，微博营销本身的曝光率是极低的。微博用户发布的信息，很容易被海量的微博信息所淹没，除非微博用户刷屏发广告或者刷屏看自己的微博，或者用户发布的信息被某些大 V 转发或者评论，否则信息的到达率会非常低。作为营销信息传播，其最为关键的指标就是信息的到达率，在这一点上，微博的到达率明显偏低，这是微博营销的死穴，同时也是准备开展微博营销的用户最需要关注的地方。

微信是腾讯公司于 2011 年 1 月 21 日推出的一款通过网络快速发送语音短信、视频、图片和文字，支持多人群聊的手机聊天软件。用户可以通过微信与好友进行形式上更加丰富的类似于短信、彩信等方式的联系。微信软件本身完全免费，使用任何功能都不会收取费用，微信时产生的上网流量费由网络运营商收取。

微信与微博不同，微信在某种程度上可以说是强制了信息的曝光，信息可以完全抵达预订的客户那里，当然前提是你们之间已经建立了必然的联系。微信不仅能够实现微信好友之间的信息传递，更重要的是微信作为公众平台信息的到达率是100%，微信还可以实现用户分组、地域控制在内的精准消息推送。这也正是营销人士欢呼雀跃的地方，时至今日，在营销领域，很难有哪一款软件，可以真正实现对客户的精准细分，而微信恰恰做到了这一点。作为营销人只需把精力花在更好的微信传播方案上，而不是苦于找不到自己的目标客户上。从这一点上，我们可以看出，微信公众平台上的粉丝质量要远远远高于微博粉丝，微信平台只要控制好信息发送的频次与发送内容的质量，就会得到用户的很好反馈，相对于黏性较高的用户来说，一般不会产生强烈的反感，这在很大程度上帮助了我们实现了信息的送达，并有可能将微信用户转换为企业微信平台的忠诚客户。

微信是微博的 2.0 版本吗？微信和微博究竟有何区别，微博营销人士刘敏华曾在《广州日报》中指出，新浪微博的升级可谓是大杂烩融合，既有腾讯 QQ 空间的感觉，又有 Facebook 的影子。而对于微信而言，绝大多数观点认为，微信和微博最大的区别在于"精准"二字。微博是由微博用户在自己的微博主页上发布一条微博，然后粉丝通过看自己微博主页就能看到所关注的博主发的内容，但是现在一般的微博用户同时关注的人太多，所以能看到所关注微博发出的微博内容是随机的。而微信在这一点上就有所不同，微信公众平台账号群发一条消息，所有关注这个平台的人都会收到。我们可以有这样的体会，当我们正在路上寻找住宿的酒店的时候，微信突然弹出一个消息，告诉你附近某酒店符合你的标准，并且，正在打折促销，同时，你的微信上还有酒店的促销券和打折卡。或者我们正在逛街想要购买某个品牌的服装，当你出现在商场的时候，你的微信就会收到，你关注的某个品牌服装发布的促销信息，想必这样的服务，一定会让我们耳目一新。

在微信上，用户与用户之间是对话关系，微信的普通用户之间，需要互加好友，这才构成一个对等关系。而微博普通用户之间则不需要互加好友，双方的关系并不对等，而是一对多的多重对应关系。同时，微信是一个私密空间内的闭环交流。微博则是一个更为开放的扩散传播平台。一个向内，一个向外；一个私密，一个公开；一个注重关系，一个注重关注；一个注重单向，一个注重互动；一个注重交流，一个注重传播。

微信用户主要是双方同时在线聊天，而微博则是差时浏览信息，用户各自发布自己的微博，粉丝查看信息并非同步，而是刷新查看所关注对象此前发布的信息。这种同时与差时也决定了微信与微博的功能与内容之差。

很多人会问，微信用户会超过新浪微博用户吗？现在只能说，微信的前景十分可观，完全具备这样的基础和可能。你可以没有微博，但你肯定有 QQ 号。根据微信和微博的官方数据，截至 2012 年 6 月底，新浪微博注册用户数达到 3.68 亿，而腾讯 QQ 账户数为 7.84 亿，同时，截至 2012 年 3 月，微信注册用户数已经达到 1 亿，根据推测，最终将超过 QQ 的用户数。有这样一种说法：微信 1 万个听众相当于新浪微博的 100 万粉丝。这种说法有点夸大，但有一定的代表性。在新浪微博中，僵尸粉和无关粉丝很多，而微信的用户却是真实的、私密的、有价值的。

在发展定位上，微博和微信也有一定的区别，微博更加注重社交平台的发展和建设，而微信似乎更加注重营销平台的定位。就在阿里巴巴注资新浪微博的事情上举棋不定的时候，2012 年 11 月 23 日，新浪微博开放升级，所有未升级的用户在微博首页都可以看到一个显眼的升级提示。此次新版微博被称为"V5"，与上一版相比，首页及个人页面都进行了重大改版。分组功能被强化，发布微博可选择分组定向发布；增加了"密友"、"表态"功能等，这显然是应对微信的快速发展，以及微信的私密功能而特别定制的；同时，新版的微博在个人页面新增顶部封面大图，有类似于 Facebook 的效果。这种升级和改变在一方面提升了微博用户的使用感知，但同时也加大了降低客户黏度的风险，虽然微博用户可以选择暂时不升级的方式来应对功能和页面的改变，但是在对微博功能已经建立使用黏度的用户来说，需要重新改变使用习惯，对微博来说具有一定的风险。

在升级为"V5"版本后，新浪微博列出了 6 大变化：全新个人主页、分组阅读、表态、定向发布、应用个性化管理以及微博隐私。一旦升级，则不可回归到之前的"V4"版本。然而，"V5"虽则改变颇多，但界面也显得臃肿。

有微博观察人士认为，升级后的新浪微博更加具有社交网站的雏形。有趣的是，与此同时，2012 年 11 月 21 日，一度中断的微信公众号认证又重启，同时增加支付功能，只要是新浪或腾讯微博的认证用户，就可以自助完成认证。明星、机构、网站则可以向微信提交认证申请，由微信方面审核通过。认证通过后，用户每天有群发 3 条信息的权限。广州出云分析师张星认为，微信此举将消解新浪微博苦心经营的媒体优势。一方面，说明了微信的传播平台功能正在进一步地完善，另外在很大程度上验证了微信对于发展营销平台的信心和决心。

"我正在开会，8 点老地方见。"如此简单的信息，你是通过微博私信语音发送，还是通过微信的语音发送？对于很多微博和微信的双重用户来说，想必大多数用户还是会选择微信，毕竟微博私信得找到好友昵称，而微信好友则互为信源，非常容易找到。这正是微信、微博具体 PK 的缩影。此前的语音微博，现在则完全被微信的语音功能所击溃。自认"微博控"的市民李小姐认为，目前新浪微博的功能越来越多，在电脑上使用还算方便，但一旦落到手机上应用，就似乎没有微信方便。"例如我要向朋友发私信，粉丝多了不好找，但我在微信上要把信息发给朋友就简单得多。"另外，除了即时通讯功能外，用户亦可通过微信的"朋友圈"功能，看到朋友们发布的图片与信息。在这一点上微博更像是一个网页版的网络平台；而微信更像是 APP 的软件应用，非常简单明了。"微博与微信是不同性质的应用，升级版'V5'就是要让强关系更强。"对此，新浪相关人士表示，新浪微博兼顾媒体属性和社交属性。腾讯人士也向记者表示，微博、微信出身不同，产品基因不同，后者不会颠覆前者。

但无可否认，在与财付通打通后，微信已成为微博的一大威胁。目前微信正在大踏步地形成自己的社交营销平台优势，直接威胁到微博。据《广州日报》报道，金山网络 CEO 傅盛称，新浪微博以媒体为切入点没问题，但往后不能延展就是问题。相反的是，微信以社区切入，很快就将延展到媒体了。与此同时，腾讯微信的营销也进行得如火如荼。据了解，目前腾讯微信已与旗下拍拍网整合，拍拍网的商家能通过微信向用户"打广告"，而微信用户可通过自己的账号，在拍拍网的部分商家购物时获得相应的会员优惠。在微信，用户所转发的信息将直接影响到你的朋友，而微博，你所转发的信息，将影响到你的粉丝。两者的区别是，朋友是一种强关系，而粉丝是一种弱关系，微博追求的是"关注"，微信追求的是"关系"，这也是两者最大的不同。

对比新浪微博和微信的两个母公司，腾讯的赢利支撑要强太多，腾讯微博已与腾讯内部超过 16 个产品实现打通，特别是与 IM（如 QQ）、SNS 平台（如微信）融合，成为腾讯立体化社交平台的重要部分。事实上众多网络产品的用户，在腾讯微博、微信、米聊、QQ 的夹击下，用户正在思考"多选一"的选择题。而新浪微博，则必须保证自己能成为最可能的答案。有专家认为，新浪微博既要抵挡腾讯微博的侵蚀，又要防范微信的中场拦截，必须做到以一敌二。新浪微博除了要防止用户迁徙，微博的商业运营也备受关注。新浪微博 2012 年 4 月才开始商业化，新浪财报披露，其微博 2012 年 Q2 营收 1200 万美元，Q3 翻番，2012 年全年营收 6600 万美元。新浪希望通过数据反击质疑。也许，微信重新启动公众号认证后，接入移动电商业务，将又是腾讯粘住用户的新打法。

业内人士认为，腾讯通过微信可算是与新浪在社交平台竞争中暂时扳回一城。但最终谁才是大赢家，现在定论为时尚早。作为腾讯和新浪公司战略竞争层面来说，微信和微博只是两个公司主要的战略性产品。对于用户而言，微信与微博的发展更加具有多元化的色彩，从目前的发展趋势来看，微博和微信暂时谁也取代不了谁，只是相互的有机补充。

第四节　社会化媒体的营销趋势已经形成

社会化媒体营销就是利用社会化网络、在线社区、博客、百科或者其他互联网协作平台和媒体来进行营销、销售、公共关系处理和客户服务维护及开拓的一种方式。一般社会化媒体营销工具包括论坛、微博、微信、博客、SNS 社区、图片和视频分享等。网络营销中的社会化媒体主要是指具有网络性质的综合站点，其主要特点是网站内容大多由用户自愿提供，而用户与站点不存在直接的雇佣关系。由于强调个体属性，以及个体之间的关联关系，社会化媒体更加容易被受众接受。美国《连线》杂志对新媒体的定义："所有人对所有人的传播。"

作为社会化的媒体必须有承载的平台，而移动互联网的发展为社会化媒体营销的发展创造了必要的条件，也使社会化媒体成为生活的一部分，社会化媒体的发展为营销传播开创了崭新的 3.0 时代，一个全新的营销模式逐渐形成，并带来一股强大的动力。社会化媒体更加注重媒体渠道的创新，用户的内容体验和互动，以及沟通方式的转变，真正实现虚拟与现实之间的互动，这才是承载社会化媒体发展的真正源动力。

作为社会化媒体营销，其关键点在于其社会化、媒体和营销的三重属性，首先是强调如何让更多消费者与我们的品牌和产品产生必要的社会化关系；其次是发挥媒体的威力，让更多的用户有机会接触到产品的信息和感知产品的价值；最后是实现社会化媒体的营销作用，做好线上和线下的有机融合，最终实现营销的最终目标，达成交易。

考量一个社会化媒体是否符合营销价值，以及如何实现社会化媒体的营销本质，要从多个维度进行评估。其评估方法如表1-1所示。

表1-1　社会化媒体营销效果评估方法

定量评估	曝光次数	指总体发布量、阅读数量（点击数量）、转载数量、回复数量等常规内容数据。
	广告当量	总结统计出每次营销活动中，加精华、加置顶这些内容的总量，可以折合成对应的传播网站对外报价的费用，可得出此次活动附加价值。
	单人点击成本	计算每次营销活动的平均 CPC 值，将其与 IT 行业常规平均 4～5 元的 CPC 值进行对比，即可评估此次营销活动效果。
	转化率	在一次营销活动中，对比前后用户的使用、关注、参与的数据，如线上活动的注册人数，参与人数，网站 PV/UV 值，销售量等，即可得出转化率数据。
	第三方数据	在一次营销活动实施前后，对比 Google 趋势、百度指数等数据，或者委托第三方调研公司，调查品牌或者产品的知名度及美誉度的变化情况。
定性评估	网络舆论分析	网络舆论的评论比率，包含网络舆论的正面、负面、中性的评论比率，即可评估出舆论引导效果。
	影响力分析	有无名人博客/微博自发撰文讨论或引用相关内容，有无博客频道显著位置推荐、博客圈加精。有无其他非合作媒体进行话题的跟进及二次传播放大。

（来源：改编自百度百科。）

社会化媒体区别于报纸、杂志、电视、广播等传统传播介质，主要通过互联网技术实现信息的分享、传播，通过不断的交互和提炼，对观点或主题达成深度或者广度的传播，其影响力传统媒体往往无法达成，更遑论赶超。以 SNS、微博、博客、微电影等为代表的新媒体形式，为企业达成传统广告形式之外的低成本传播提供了可能。

移动社交作为社会化媒体将迎来井喷式发展，作为互联网发展历程中的变革性应用，社交网络一度改变了人们的沟通方式和信息传播渠道。伴随着社交图谱快速建立，社交化与移动化已经成为传统互联网转化的必然趋势。在移动互联时代，传统 PC 的地位逐渐被智能手机取代，通过移动终端访问社交网站的用户数，因移动互联网的发展也呈现出爆炸式增长的态势。人类的社交行为正在跨过商业网站、垂直网站、社交网站，向移动社交演进。

从电脑到手机，微信、米聊、陌陌、飞聊等移动社交应用，已经成为新媒体发展的新宠。移动社交同传统社交网络不同，《人民日报》新媒体版的文章"2013 关于新媒体的猜想"曾写道，手机天然的联系人属性、实名属性和位置属性，能够减少信任成本，加强沟通便捷性。移动社交在移动互联网的刺激下将会深度影响网络社交方式，用户量、传播力将会持续井喷式发展。显然，在这一方面微信具有先天的优势，强相关性的个体之间的联络，必然会加强微信作为网络媒体的信息传播效果。

随着互联网时代的到来，各类信息纷繁复杂，在此基础上所建立起来的网络平台，带来的不仅仅是信息的泛滥，更重要的是对隐私的侵犯和对诚信的挑战。近些年来，我国一直在推进网络移动社交实名制。"2013 关于新媒体的猜想"也称，互联网的"泥沙俱下"所带来的互联网诚信、隐私权保护等问题已经上升为网民关切的共同话题，而移动社交的实名化则让此类问题迎刃而解。由于移动社交的发展所依靠的是基于熟人"强关系"的新互动沟通方式，所以实名制的应用有力推动了移动社交网络环境的改善。这对互联网营销也带来了新的机遇和挑战，在此基础上，包括电子商务、基于位置服务的 LBS 等，都会呈现井喷式发展，以应对社会化媒体网络的发展。

在社会化媒体急速发展的今天，企业要想降低成本，提升推广的效果，创造高性价比的"微营销"，那么在营销过程中的创意是重中之重，同时全新的传播手段也必不可少。微信和微博时代，碎片化的媒体传播方式正为这种四两拨千斤的营销提供了可能和空间。

在网络经济时代，创意成为营销不可或缺的驱动力。同时为创意提供平台的微博和微信平台也得到了众多企业的极力追捧。越来越多的商家开始充分运用创意营销，彻底颠覆传统营销思路，让消费者在互动中感受企业产品、品牌和企业发展的理念，由被动接受转为主动参与，在整个过程中主观意愿体现更强，更利于消费者感知产品的信息，从而实现产品与消费者的零距离接触。

第五节　没做微信不能说你懂营销

在市场营销中有一个非常重要的概念，就是在做营销之前一定要进行市场细分，然后进行针对性的传播，并实现消费者的群体购买。在这一点上，微信可谓已经替 N 多个营销者做好了前提工作。它就是一个很好地根据细分市场进行针对性传播的营销平台。举个例子，在大街上有很多人，有老，又少；有男，有女；有喜欢吃甜的，有喜欢吃酸的；有喜欢购物的，有喜欢旅游的。面对这样一个复杂的群体，要做好针对性的信息传播，并形成购买的预期。如果在传统的市场环境下，我们一定采取的是集中信息传播的方式，那么对于众多的没有信息需求的消费者来说，这就是信息的浪费，因为他们根本就不需要这样的信息。而微信恰恰巧妙地解决了这一问题。作为普通人都有这样的一个习惯，那就是喜欢那些愿意跟自己打交道的人，这样无形之中形成了一个潜在消费者群体。这个群体具有相似的生活习惯和生活方式，他们喜欢相互分享和交流，因为他们有着太多的相似之处。而这些相似就是我们市场细分的基础。微信的好友网络群结构，简单地帮助我们实现了市场细分人群的针对性传播。不论是个人账号的朋友圈营销，还是公众平台的定期推送，都已孕有天然的营销机会。朋友圈需要"邀请—接受"的环节之后才能互加好友，以及以后朋友圈信息分享认同与否的自然淘汰，微信平台本身是一个已经进入营销轨道的营销平台。

1. 微信查看附近的人的功能，帮助我们锁定目标人群

在微信功能中，签名栏可谓是腾讯产品的一大特色，用户可以随时在签名栏更新自己的状态签名。时至今日，这一功能也被众多网络达人和企业充分利用。有很多企业或人利用签名栏打入强制性广告，这些信息都会被用户的好友第一时间看到。这是一种单调的硬性广告，通常只有用户的联系人或者好友才能看到，那么有什么其他的方式可以让更多陌生人看到呢？结合微信的另一个特色应用功能，利用地理位置定位的"附近的人"便可以做到。在微信中，有一栏叫做"发现"，里面有个"附近的人"的选项，用户点击后可以根据自己的地理位置查找到周围的微信用户。在这些附近的微信用户中，除了显示用户名字等基本信息外，还会显示用户签名档的内容。商家可以利用附近的微信用户基本信息及签名档的内容，来细分目标客户群，并为他们提供适合的信息，形成最初的目标顾客筛选。

有位从事建材销售的业务人员，主要工作是在新入户的楼盘内进行建材产品的推销。在传统的销售模式下，都是选择"扫楼"（一家一户地拜访）的方式进行产品推销，这样不仅效率低，而且成交率也比较低。这位业务人员利用微信"附近的人"的功能，在目标楼盘中心点进行用户搜索。这个时候经常能够搜索到该小区业主的微信，业务人员通过与潜在客户的微信联系，很快就将公司的产品信息传递给目标消费者，并且取得了很好的销售业绩。

2. 微信好友网络群结构，让信息传播更为精准

微信的好友功能，并不像微博的好友关注功能。微信的好友更加具有强相关性，人以类聚，物以群分，一个用户的微信好友必定与之有着某些方面的相关性，这些强相关的用户在一起构成了一个强相关的网络。微信将用户的好友编织成了一个关系网。手机用户注册微信之后，用户手机内的通讯录就成为微信关系网的一部分。甚至，有些用户的手机没有记录一些朋友的电话信息，但是，同为微信用户的朋友的手机如果存储了该用户的手机号码，微信系统就会自动推送这位朋友的信息到用户的微信里面。这种基于社会群体网络群的结构，让朋友之间的网状结构很快建立起来。同时，微信还充分考虑了同门兄弟QQ的客户资源，微信用户如果将微信与自己的QQ绑定，那么，QQ好友会与手机通讯录，以及微信好友进行关联，这样的社会群体网络都通过微信建立起来。

这样一个社会群体网络为我们提供了更为具体的信息网络。在这样的社交群体网络下进行的信息传播，信息将变得更为精准。用户合理利用此功能进行营销活动，将能够更为准确。

有的商家利用微信的这一功能，建立了自己的官方微信，并采取信息的针对性推送，让消费者实时了解商家产品的最新动态和销售活动，并可以为用户定制信息进行推送。微信成为一个很好的信息发布平台和客户管理工具。

3. 传递式的传播活动，让品牌活动更具参与性

微信用户逐月迅猛增加，因此不少大的企业和品牌也在开始尝试利用微信进行品牌推广。其中，"漂流瓶"便是很多商家看重的一个微信活动应用。"漂流瓶"，顾名思义，就是我们常见的一种网络联络的方法，微信的漂流瓶实际上是移植于QQ邮箱的一款应用，QQ邮箱的漂流瓶应用得到了很多网友的喜好和好评，许多用户喜欢这种与陌生人的简单互动方式。当这个应用移植到微信上之后，漂流瓶的功能基本保留了原始的简单易上手的风格。漂流瓶主要有两个简单的功能：（1）"扔一个"，用户可以选择发布语音或者文字然后投入大海中，如果有其他用户"捞"到则可以展开对话；（2）"捡一个"，则是"捞"大海中无数个用户投放的漂流瓶，"捞"到后也可以和对方展开对话，但是每个用户每天只有20次捡漂流瓶的机会。

招商银行的"爱心漂流瓶"用户互动活动案例推广时,用户每捡10次漂流瓶便基本上有一次会捡到招行的爱心漂流瓶,相信这也是微信和招行进行战略合作过程中对漂流瓶的参数进行了更改。这也算是一次三方合作的活动,包含腾讯、招商银行和壹基金。和招商银行进行简单的互动就可以贡献自己的一份爱心,相信会有不少用户加入到这种简单却又可以做善事的活动当中。

目前为止,关于漂流瓶营销做得有名气的就属招行了,但是,这种频繁却缺乏互动性的活动,很容易让用户产生参与疲劳。如果用户每一次捡到招行的爱心漂流瓶都会产生不同的活动内容,或许能够提高用户参与互动的积极性,从而提高活动的效果。

当然,也有聪明的草根营销人利用漂流瓶"扔回海里"这一功能实现信息的无限传播,他们的做法多是植入广告之后,打感情牌、以情动人,利用人们的趋利避害的心理,鼓励下一个捡到瓶子的人继续扔回海里,类似于之前在QQ群、QQ空间里疯传的一些东西,文本或图片最后写上"你是第888个接力者,请转发……",多是一些祝福吉祥的话。

4.O2O式结构,让折扣无处不在

扫描二维码是微信的一大特色应用,恰恰是这个二维码,让更多的用户对此产生了关注和乐趣。其实,"扫一扫"这个功能原本是借鉴另一款国外社交工具"LINE",用来扫描识别另一位用户的二维码身份从而添加朋友。随着微信对此功能的深入应用,让二维码的商业用途越来越多。因此微信也就顺应潮流结合O2O展开商业活动。用户将二维码图案置于取景框内,微信便会帮你找到好友企业的二维码,然后你将可获得成员折扣和商家优惠。在移动应用中加入二维码扫描,然后给用户提供商家折扣和优惠,这种O2O方式早已得到了很好的应用。

现在越来越多的餐饮企业喜欢上了微信二维码营销,他们在门店最显眼的位置摆放宣传信息,并在宣传资料上面印上自己门店二维码。用

户只需要扫描一下二维码，就会得到商家的折扣和优惠信息，甚至可以成为该门店的会员，便于后续的客户关系维护和信息推送。

5. 社交营销式平台，为微信未来的发展预留空间

2013 年 1 月 16 日，微信推出了 4.5 版本，早在 4.0 版本微信就推出了开放平台的功能，用户作为应用开发者可通过微信开放接口接入第三方应用。利用这一功能，用户可以根据自己的需求，进行针对性的平台开发。还可以将应用的 LOGO 放入微信附件栏中，让微信用户方便地在会话中调用第三方应用进行内容选择与分享。

美丽说是首批登录微信开放平台的应用之一，用户可以将自己在美丽说中的内容分享到微信中，美丽说也是这批合作方中唯一一个以女性用户为主的应用。随着美丽说进驻微信开放平台，开放平台更多的应用功能将逐渐被释放出来。美丽说的用户可以通过微信，把美丽说应用平台上面的商品一个接一个地传播出去。这更加具有了社会化媒体的特质，同时通过口碑营销的方式，让商家的产品得到用户的主动推广。

在微信 4.0 以上版本，具有"朋友圈"的功能，微信用户可以将手机应用、PC 客户端、网站中的精彩内容快速分享到朋友圈中，支持网页链接方式打开。微信推出的这种功能可以更为直接地进行客户信息的传播，更加具有社交媒体的特质，相信将对微信营销功能的开发更有助益。

2013 年 8 月 5 日，微信 5.0 上线，推出了"游戏中心"、"微信支付"等商业化功能，微信开始迈开商业化步伐。2013 年 12 月 31 日，微信 5.0 for Windows Phone 上线了，添加了表情商店，绑定银行卡，收藏功能，绑定邮箱，分享信息到朋友圈等功能。2014 年 1 月 4 日，微信在产品内添加由"嘀嘀打车"提供的打车功能。

2014 年 1 月 28 日，微信 5.2 版本发布，界面风格全新改版，顺应了扁平化的潮流；同年 3 月 19 日，微信支付接口正式对外开放，微信的商业平台价值又向前迈了一大步。

搜狗于 2014 年 06 月 09 日上线了微信搜索功能，满足了用户的新需求：搜索微信公众号、搜索微信公众号的文章。它让公众账号资源有机会被分类检索到，可以对碎片化的信息进行梳理，一定程度上帮助微信从封闭走向开放，同时也让微信公众号中推送的内容可以得到更广泛的传播。

微信被称为时下最热门的社交信息平台，也是移动端的一大入口，它正在演变成为一大商业交易平台，其对营销行业带来的颠覆性变化开始显现出来。以微信平台为主导的微信商城开发也开始兴起。微信商城是基于微信而研发的一款社会化电子商务系统，消费者只要通过微信平台，就可以实现商品查询、选购、体验、互动、订购与支付的线上线下一体化服务模式。得力于微信的强力发展，微信商城的前景被多数商家看好。

6.点对点传递，强制性的曝光让信息精准抵达

提到微信必然有很多人会联想到微博，的确，微博在营销方面的价值很值得我们学习和研究，但是，就微博营销本身，在海量信息的冲击下，用户所发送的信息很快就会被淹没。用户的广告信息很快就被淹没在微博滚动的动态中了。信息的传播到达率是微博营销最需要关注的地方。相对于微博而言，微信采取的是强制信息抵达机制，只要用户使用了微信并且对其他用户关注。微信的公众平台信息就会100%地被送达，还可以实现用户分组、分地域控制在内的精准消息推送。这是一个最为精准的信息管理平台。只要用户愿意接受这样的信息，公共平台就会源源不断地为用户推荐有价值的信息。当然，这个过程中用户还可以用自己的微信对信息进行二次精准传播。最重要的是这一切行为都是免费的。

另外一点类似于微博粉丝，关注者是在自愿同意的前提下对微信公众平台关注并接受信息的，其对产品或服务的意向性更强，并且关注者可以自主选择屏蔽公众平台消息。在这一点上，公众平台有规律的强行推送更是显得慷锵有力。

7. 移动广告板，一个流动的广告牌

　　微信中基于 LBS 的功能插件"附近的人"可以使更多陌生人在使用这一功能时看到这种强制性广告。当用户点击"查看附近的人"后，可以根据自己的地理位置查找到周围的微信用户。用户可以利用头像、昵称及签名档这个免费的广告位为自己的产品打广告，当手机位置移动的时候，针对的人群就会有变化，想把广告做到哪里就可以把手机移动到哪里，当然，一、两个个人微信号的威力是微不足道的，假若你准备有几十个、上百个号呢，假如一公司有上百人的人员规模，分布在城市的不同地方，启用奖励机制鼓励员工设置统一微信马甲，比如"高闯世——×××养生馆"，那效果就明显了。如果企业采取这样的品牌推广方式，用户可以在人流最为集中的地方，设置微信传播平台，如果微信的用户在这些地方使用了"附近的人"的功能，用户就会看到这个广告。随着微信用户数量的上升，可能这个简单的签名栏会变成不错的移动广告位，用微信打广告，也许会成为未来企业微信营销一个很好的选择。

8. 做好市场细分，精准推送，最直接的营销渠道

　　通过一对一的关注和推送，公众平台方可以向"粉丝"推送包括新闻资讯、产品、最新活动等信息，甚至能够完成包括咨询、客服等功能。可以肯定的是，目前，微信在信息的用户推送与粉丝的客户管理方面的价值要优于微博。移动互联网的强势崛起，让更多的用户涌向移动互联网，而微信就是以移动互联网为平台，这使微信更加具有移动互联网的特质。有称微信为营销利器，虽然精细化、个性化、一对一的营销无疑在增加成功率的同时也会增加一些运营成本。微信的封闭式平台机制对于商家来说不仅可以"圈"粉不受竞争对手的骚扰，还可以"养"粉以实现顾客终身价值的最大化，相对于企业海量的营销方式，微信似乎是一个更好的选择。

第六节　微信的对手们都在干些啥

就在腾讯的微信进军台湾市场的时候，日韩版微信 LINE 也悄然进入了中国市场。有消息称，移动运营商巨头中国移动可能与日本 Line 进行合作，以对抗腾讯的微信。微信的迅速崛起，侵蚀了移动运营商的短信和长途电话业务。这让以中国移动为主的移动运营商感到坐立不安。有人预测，微信甚至会染指基础电信业务，这让中国移动等电信运营商自然感受到压力。而 LINE 应用在海外市场已占有一定份额，在产品上也比较成熟，所以两家可能会合作对抗腾讯。

但是，也有分析人士不认可这种看法：中国移动自己在 2011 年就推出了类似微信的产品"飞聊"，其目前仍在运营，如果与 Line 进行合作，那么会将"飞聊"置于何等境地呢？

国内移动通信应用中，社交软件 KIK 最先引起轰动，之后有了米聊，再之后是腾讯微信，这是中国 MIM（移动 IM）类型应用的发展路径。再放眼全球，MIM 类型应用以中日韩率先实现平台化、渠道化、游戏化。

微信在国际上的主要对手如下：

LINE：日本移动通信应用，由 NHN Japan 推出，据称月收入超过了 400 万美元，2014 年 1 月全球用户量刚刚突破 1 亿，以日本为主要用户地。

Kakao Talk：截至 2012 年 12 月用户达到 7000 万，月收入在 3500 万美元以上，以韩国为主要用户地。

COMM：日本移动社交游戏平台 DeNA 推出的通信应用，与 LINE 在日本展开竞争。

WhatsApp：12 月 31 日进入 WhatsApp 的消息数量是 70 亿条，这是个收费应用，因此他们并不缺钱。WhatsApp 的用户分布更多地集中在欧洲市场。

Facebook Messenger：基于 Facebook 推出的聊天应用。

KIK：目前有 40% 的用户来自 Android，40% 来自 iPhone，还有 20% 来自 iPod Touch。用户达 3000 万。

Pinger、TextFree：都为 Pinger 公司推出的聊天应用。大约有 1000 万～ 2000 万用户量。

imo：用户在 imo 上还可以绑定包括 Facebook，Skype，AIM，Google Talk，Yahoo 和 MSN 等在内的多种即时通讯工具，最多支持同时绑定 12 个。已经下载 600 万次，每月有 150 万活跃用户。付费去广告，前 google 人士开发。

Tango Text，Voice，and Video：名字很长，Tango 主要用户来自于非洲。

Viber：用户主要来自于中美洲、非洲等地区，排名还不错。

Fring：以色列 VOIP 网络电话公司推出的聊天应用，排名一般。

TalkBox：香港团队、盛大投资。用户量超过 600 万。

（资料来源：搜狐 IT）

从 2008 年开始，Facebook 就一直是科技界、投资界包括新闻界的宠儿，凭借快速的扩张势头以及改变人类交流方式的噱头，红得一发不可收拾，但这仅仅是在 Web 端，目前，中国市场移动互联网暂时不会给 Facebook 太多的机会。同时，移动互联网的兴起，让 Facebook 胆战心惊，过于重的界面操作，非碎片化的内容呈现，却让用户在移动端对 facebook 失去兴趣，当然，居于战略市场考虑，目前，Facebook 在国内很难获得市场空间。

为弥补移动端的缺失，在 IPO 前夕，2012 年 4 月 10 号，Facebook 宣布以 10 亿美元收购 Instagram。2012 年 10 月 25 号，Facebook 以总值 7.15 亿美元收购 Instagram。被认为是 Facebook 占领移动端入口的重要举措，因为手机的拍照功能，图片社交在当时被认为是好的移动切入点，但是全世界都忽略了手机最重要的功能不是拍照，而是语音通信，此判断失误的同时，微信却在无声无息地快速发展着。截至 2012 年年底，微信全球用户已经超过 3 亿，并开始大规模的国际化进程，日本、东南亚成为首要战场，对于一款以通信为基础的产品来说，不存在语音障碍，也不存在政治安全，在国外以 Wechat 命名的微信，正以飓风一样的速度狂揽着海外用户。

要战胜 Facebook，微信还必须打败直接的国际化对手，比如 LINE，还有 WhatsApp，尽管在海外，很多用户都说微信抄袭了 WhatsApp，连 LOGO 的颜色都一样，但越来越多的人已经开始使用微信，而非WhatsApp，基于对腾讯产品基因的十足信心以及强大的财力，笔者预言微信将最终胜出。

如果微信全球用户超过 10 亿，同样作为沟通工具的微信，将对Facebook 造成严重威胁，在国际市场，微信最终能否打败 Facebook，让我们拭目以待！

02

微信营销凭啥这么 "火"

　　微信基于腾讯强大的客户群，在一夜之间占据了无数人的手机终端。在这个自媒体爆炸式发展的今天，消费者已经开始有选择地接受媒体的信息，消费者更加看重自我的判断，以及与其相关群体的选择，他们宁愿更加相信朋友推荐的信息。在强大的自媒体、移动社交媒体和微营销模式的推动下，微信营销变得水到渠成。在微信一对一的信息传播背后，孕育着更多的企业营销机会。

有人说，在腾讯内部好像有句这样的话：如果没有微信，腾讯公司很多高管恐怕每天晚上都会"睡不着"，因为他们担心在移动互联时代，QQ会被某款全新的应用产品颠覆。而现在，腾讯做到了自我产品的升级，微信已经成为移动互联时代的宠儿。相信微信的出现能够让腾讯的高管们睡个好觉了。

　　微信凭啥会"火"，确实是一个很难解释的话题。微信作为腾讯公司占领移动互联网即时通讯的产品，一亮相便得到了众多网友的热捧。同时，受微博营销火爆的影响，人们不免把微博火爆的梦想嫁接于微信之上。于是众多商家纷纷把目光聚焦于微信，不遗余力地去实践微信的营销价值。微信也不辱使命，从简单的语音传递、图片传递和视频传递，逐渐架构出微信的公共平台和开放平台，并使公共平台和开放平台逐渐释放出企业营销的价值。

第一节　自媒体爆炸催生圈子营销

　　每个人都有着自己的思想，每个人都可以代表自己向世界发出声音，互联网时代的到来，给了我们这样一个千载难逢的机会。互联网不受时间和空间的限制，加速了信息大爆炸，由传统媒体向现代媒体过度、由纸质媒体向无线媒体蔓延，我们就生活在这样一个色彩丰富的时代，网络时代新事物的孕育和发展绽放着崭新的机会，从论坛到博客到贴吧到微博再到微信，一直在无意中尽可能的满足我们的言说欲望，在表达和传播的过程中，我们每一个人不自觉的形成了自媒体。

基于网民数量非常之庞大，几乎每一位自媒体的用户都是一个自媒体平台。正是网络自媒体的低门槛，客观上给用户带来了更多存在和发展的空间。作为自媒体其中的一员，每个自媒体掌舵人都希望自己的信息最大化被传播和关注。目前代表性的自媒体有：Qzone、新浪微博、腾讯微博、人人网、微信朋友圈、微信公众平台、皮皮精灵、微视等。自媒体是指为个体提供信息生产、积累、共享、传播内容兼具私密性和公开性的信息传播方式。在自媒体时代，各种不同的声音来自四面八方，随着这种"呐喊"数量的增多，"主流媒体"的声音逐渐变弱，人们不再接受被一个"统一的声音"告知对或错，每一个人都在从独立获得的资讯中，对事物做出独立判断。自媒体相对于专业媒体发布的信息有着显著的区别。自媒体是由普通大众主导的信息传播行为，已经由传统的"点到面"的传播，转化为"点到点"结合"点到面"的传播形式。自媒体具有如下的特点：平民化和个性化，自媒体距离一般民众的距离更近，更容易被普通民众所接受；进入门槛低，普通公民都可以注册成为用户，操作非常简单，一般用户都能够进行操作；交互性强、传播迅速，自媒体的网状传播让信息传播得更快；同时，自媒体由于监管机制的相对缺失，导致良莠不齐，不实信息也混杂其中，对舆论的监管也提出了挑战。

自媒体爆发的最根本原因，在于自媒体传播的多样化和平民化。人人都有成为明星主播的可能。2013年1月7日，一个名为@古城钟楼的微博账号一夜之间爆红网络，一夜间赢得超过10万名粉丝。@古城钟楼爆红的原因缘于自2011年10月26日后的一年多时间，@古城钟楼的微博坚持每天按干支计时的十二时辰定时发送"铛～"的微博报时。从每日子时开始,"铛"字随之递增,页面整齐,引来众多围观者。"古城钟楼"指的是现位于西安市中心城内东西南北四条大街交会处的西安钟楼。钟楼初建于明洪武十七年,当时位于唐长安城的中轴线上,也是五代、宋、元时长安城的中心。一则被重复若干次的报时微博竟然也能爆红于网络,一方面说明网络传播的绝对优势,另外也折射出专注成为自媒体能够爆发的最主要原因之一。

传统的新闻媒体将传播者与受众者分得非常清晰,他们是"自上而下"和"点对面"的传播方式,而自媒体完全打破了这一规则。在自媒体时代,每个人既是信息的制造者,又是信息的传播者。这种信息的集聚和传播一方面造就了巨大的群体经济,也为这些自媒体平台创造了更多的商业机会。微信就是其中一个最主要的自媒体载体。

自媒体的出现,让别人了解自己的同时,也为企业进行圈子营销提供了平台。自媒体有一个显著的特点,那就是每个用户都有自己的粉丝,这些粉丝都成为自媒体信息传播的受众。而这些粉丝与自媒体的主人在一定程度上都具有强相关性。相对于企业通过社会媒体发布的信息而言,更多的普通消费者似乎更加相信自媒体所发布的信息。一位普通的消费者,通过微博发布他在某某酒店用餐的良好感受,此时,就很容易受到其粉丝的关注。其中某位粉丝可能就是这位微博用户的朋友,对于这位用户的感受更有共鸣,所以也愿意有机会到这家酒店进行消费。

自媒体的圈子特点,为圈子营销提供了巨大的空间。中国传统的圈子文化为圈子营销提供了极为有利的生存土壤。在一个讲人情、讲面子、讲圈子的地域中,圈子营销是最为直接有效的营销手段。

信息时代最缺的不是信息,缺的是用户所需要的真实、及时、准确的信息。圈子营销更加针对个体,是区别于泛营销的精准营销,更是以个体需求为重心的营销方式。圈子营销将更为庞杂的信息进行分解,以用户的社会关系链作为营销对象。它更加注重个体汇聚的力量,其内容不在多，而在精和准。以自媒体所带动的圈子营销正在逐步形成。

圈子营销给更多的中小企业以精准营销的机会。现在，已经有越来越多的企业在细分的圈子市场，获得商业价值和成长机会。合理利用不同自媒体的功能，可以实现最有价值的营销。利用微博进行信息的发布和传播，会让企业获得更多的传播机会，而利用微信进行信息的传递，可以让企业获得更多的成交机会。

微时代的圈子营销

圈子营销一个最有效的载体就是自媒体。自媒体与传统企业网站最大的区别在于，在自媒体中用户可以随时发布信息，浏览者则可以随心所欲地做转发、评论等处理，让内容又回到自媒体进行再次传播，这个过程更加注重自媒体用户与粉丝之间的互动。从这个层面来看，企业利用自媒体已经区别于企业传统的静态网站，企业的自媒体完全可以变成与微博几亿用户进行互动的信息平台。对于微信来说，微信更加像一个封闭的圈子，这个圈子更加具有私密性，这也注定了微信传播的信息更加具有针对性，是微信营销最具价值所在。

第二节　微营销时代如何营销

微博的火爆及微信的崛起，都为我们这个时代标上了一个新的符号，那就是微时代已经来临。越来越多的人喜欢用微片化来描述我们这个时代。微博就像一个微缩的网站，人们喜欢把它叫做微站，加上微博仅仅能够发布 140 字内容的微缩化，让微博更加紧密地跟微元素联系在一起，这也成就了微博时代特殊的微传播模式。微视则是用 8 秒短视频的形式分享，相比其他微平台，微视以视频的形式展现内容可以表达的元素更丰富，也可以很好地嵌入微信公众平台，满足网民乐于分享的需求。微信的强势崛起，更为微营销的发展注入了新鲜活力。

微营销是现代社会一种低成本、高性价比的营销手段。与传统营销方式相比，"微营销"主张的是通过"虚拟"与"现实"的互动，建立一个涉及研发、产品、渠道、市场、品牌传播、促销、客户关系等更"轻"、更高效的营销全链条，整合各类营销资源，达到了以小博大、以轻博重的营销效果。在这一点上微信的虚拟世界与微信所带动的现实成交，都在实践着微营销的真谛。

移动互联网时代的到来，使社会化媒体与生活的联系更加紧密，营销传播开始迈向崭新的 3.0 时代，一股全新营销浪潮迎面来袭，其核心就是注重媒体渠道、体验内容及沟通方式的创新，强调虚拟与现实的互动。这些最适宜的承载平台正来源于社会化媒体的运用。

社会化媒体的发展为微营销提供了发展的土壤，社会化媒体区别于传统传播介质，主要通过互联网技术实现信息的分享、传播，通过不断的信息碰撞及信息间的碰撞、总结和提炼，以此对观点或主题达成深度解析或者广度的传播，其影响力往往是传统媒体根本无法实现的。以SNS、微信、微博、微视、微电影等为代表的新媒体形式，为企业达成传统广告推广形式之外的低成本传播提供了可能，并在此基础上实现了营销的价值兑现。

微营销时代更加强调眼球经济，谁吸引了大众的眼球，并获得了大众的追随，谁就在这场经济浪潮中博得了机会。微营销将复杂的商业模式进行了肢解，以用户很小的价值点来实现营销价值的突破。

微营销把强大的企业进行了微化。让企业可以放下身段，与普通的用户进行平等交流与对话。对于普通消费者来说，他们更加愿意与微信、微博这样的微媒体打交道，这一过程，更加能够体现消费者与企业之间的平等。企业开展微营销需十分注意细节的把握。从目前企业对微信的应用来看，更多的企业还是把微信当作移动微博，总是简单和一味地向客户传达信息，没有互动和反馈，更没有关注顾客的反馈。即使顾客对企业微信进行了呼叫，绝大多数的企业微信都采用自动回复的方式，这是企业在微信后台提前设置好的一些快捷回复方案，但这种缺乏人性化的沟通方式，很容易损害用户体验。就如同风靡一时的网络宠物无法长久流行的原因一样，用户体验太差。当客户使用某个产品无法形成良好体验的时候，客户就会放弃使用该产品，而且在相当长的一段时间内，都会对该产品产生抵触情绪，这对于产品的推广是相当不利的。而对于企业微信公众平台的粉丝客户，当客户的咨询无法得到满意回复后，他们很自然就会取消关注。当然，随着微信营销价值的显现，有更多的企业采取了人工微信客服的方式。这种人工微信客服的核心优势，就在于实现了人与人的实时沟通，此时客户所面对的是一个个专业而优秀的客服人员，对于客户的咨询可以快速给出满意的回复。这相当于顾客来到我们的销售终端，对顾客所有的疑问，终端销售服务人员都会第一时间提供满意的答复，这对于提升顾客的消费体验是很有价值的。

成功营销的关键在于"精准"和"效率"，这是信息爆炸时代成功营销的关键。伴随着微信的蓬勃发展，其背后隐藏的商机也愈发凸显出来。其中微信一对一互动交流方式具有良好的互动性，同时借助用户相关的社会关系群体，微信的相关信息可以精准地推送到目标受众。这种基于朋友关系的群体，更加具有可信赖度和稳定性。微信的信息传播有别于传统媒体的简单信息传递，具有可互动性和针对性。基于微信的种种优势，借助微信平台开展客户服务营销也成为继微博之后的又一新兴营销渠道。同时，微信相对于微博而言，更加具有私密性和针对性。

基于微营销的微信营销，真正的价值在于能够精准地找到目标客户，并提供相应的营销服务，并且在维系老客户的同时，不断增加新客户。据统计，发展一位新客户的成本是挽留一个老客户的 3 ~ 10 倍；客户忠诚度下降 5%，企业利润下降 25%；向新客户推销新产品的成功率是 15%，向现有客户推销新产品的成功率是 50%；若每年客户保持率增加 5%，利润将达到 25% ~ 85%；60% 新客户来自现有客户推荐。在这个过程寻找新客户需要花费的成本，是所有成本中最高的。对于传统营销来说，寻找新客户更多的是采用广泛式的寻找方式，通过媒体广告的投放寻找目标消费者。虽然，有的营销方式会有针对性地进行客户甄别，但很难做到客户的深度价值挖掘以及客户的黏度维护。而微信恰好能够巧妙地做到这一点，当然其前提是更好地做好客户服务。

微营销时代，似乎偏重于碎片化的营销群体，对于整个营销来说，微营销本身就是一个营销碎片，对于营销我们不拘泥于形式，注重的是整合与效果，微视频可以在微信朋友圈传播，微博的流行段子也可以在公众平台分享，微电影可以在 SNS 社交平台上传送，微营销时代是一个开放、融合，传播为主，形式为辅的营销时代。

第三节　移动社交媒体的互动营销

移动社交媒体的井喷式发展，为互动营销提供了广阔的空间，基于移动社交媒体的互动式营销，也成为当仁不让的主角，但时至今日，能够真正利用好移动社交媒体进行互动营销的平台少之又少。移动社交媒体作为未来各类媒体资源最有利的补充，已经发挥出越来越大的作用，移动社交媒体的互动营销时代已经悄然来临。谁抓住了这个机会，谁就赢得了未来营销发展的主动权。

移动社交自媒体作为互联网发展历程中的变革性应用，正在改变人们的沟通方式和信息传播渠道。用移动社交自媒体进行信息的传递和交流沟通，已经成为当下的一种时尚。党的十八大期间，CCTV 财经频道《经济半小时》栏目聚焦经济增长新动力，将移动互联产业的兴起视为中国经济升级转型的催化剂。《经济半小时》以"寻找经济增长新动力：抢占掌上终端"为主题，对腾讯微信进行了深入报道。CCTV《经济半小时》评论指出：过去的十年，互联网的快速发展，正好印证了中国经济的长足发展，一批互联网公司从无到有，构建了中国互联网经济的格局，腾讯、百度、阿里巴巴都成了响当当的互联网公司，如今他们已经开始布局移动互联网以谋求更大的发展。移动互联网产业的兴起，势必会成为中国经济发展升级转型的催化剂。

早在 2010 年，腾讯高级副总裁张小龙开始关注移动互联网，彼时的 QQ 在互联网占有绝对优势，而在移动互联网时代，人们将以何种新的工具、新的方式进行通讯是他一直在思考的问题。在《经济半小时》的采访中，张小龙说："2010 年的时候，我们都挺关注移动互联网的，当时就隐约感觉到这是一个潮流，我们必须要抓住它。"随着微信各项功能的愈加完善，其移动社交媒体的价值也将越发呈现出来。

伴随着移动社交媒体的发展，以移动社交媒体为核心的社交图谱也快速建立起来，社交化与移动化已经成传统互联网转化的必然趋势。同时，移动社交媒体也成为互动营销最有价值的载体。在移动互联时代，传统 PC 的地位逐渐被智能手机取代，通过移动终端访问社交网站的用户数也呈现出爆炸式增长的态势。人们的社交行为正在跨过商业网站、垂直网站、社交网站，向移动社交演进。互联网时代人们想要购买某种商品的时候，第一选择是先上网搜索，进行比较，然后确定是否购买。而在移动互联网时代，人们想要购买某种商品，只需要扫描一下二维码或者到移动互联网上搜索，然后进行比较，确定是否购买。现在，已经有很多微信的用户，通过微信获得商家的促销信息，从而进行购买。在未来，用户的购买需求信息可以从移动互联网上获得，然后决定在线上还是线下购买。对于微信用户来说，微信商业平台的搭建，为他们提供了更多的购买选择，而对于企业来说，巨大的商机在等待着他们去开拓。

毋庸置疑，当所有的媒体形式产生媒介聚合效应的时候，就会产生巨大的传播路径和传播范围，这个时候其传播价值便应运而生，作为以微信、微博为代表的自媒体也不例外。当具备了传播力这一媒体的基础价值之后，其影响力价值、营销力价值才会逐步形成。最终构成完整的媒体市场价值链条，媒体的营销价值才会逐渐显现，并逐步得到市场的认可和应用，其商业价值才会最大程度地被挖掘出来。

微信作为移动社交自媒体，也是互动营销的载体，它具有如下的优势。

独特的语音优势，让互动沟通更为便捷

微信不仅支持文字、图片、表情符号的传送，还支持语音发送。如果你疲于打字发信息，那么就可以直接通过微信发个语音信息。每一个人都可以用一个 QQ 号码打造本人的微信大众号，并在微信平台上完成和特定群体文字、图片、语音的全方位交流、互动。要注意的是，如果把微信当成一种营销方式的话，直接语音信息的传达既是优势也有可能成为一大失误。因为语音的发送既要求传达者声音的甜美，也要求有特定知识的积累，普通人显然不具备这样的能力，但是，聪明的商家可以借力他山之石，把专业的事交给专业的人，去搜索引擎搜索"语音广告""录音广告"类似的词汇，就能找到一些专门提供录音服务的服务商，可以根据要求定制录音内容及形式，收费并不昂贵，一般是按字数收费的，当然，也可以在淘宝搜索相关服务的卖家来达到目的。

定位功能，让更多的信息可以精准传播

个人微信用户可以利用微信"附近的人"这个功能查找本人所在地理方位邻近的微信用户。而用户的签名档、昵称以及头像现在已经被很多商家作为传播信息的主要方式。商家经常用这个免费的广告位为企业做宣传，甚至打广告。当你在某餐厅用餐的时候，突然传来朋友的微信，说附近某某商场在促销，或者附近有什么好活动正在进行，是不是感觉

很好呢？这一区域定位功能对于商家来说优势很明显，就是从区域上对顾客进行选择，对于商家来说不失为一个开辟新顾客的优良渠道，成本之低、操作简单，营销容易落地。

聚集更多的高端客户，形成强大的购买能力

根据 2011 年 11 月微信团队宣布的官方数据，在 5000 万的注册用户中有活跃用户 2000 万，而 25 ~ 30 岁的用户估计超过 50%；主要分布在一线大城市，多为年轻人、白领阶层、高端商务人士、时尚的 iPhone 一族。这一强大的优势使很多企业的营销有了更好的方向，特别是针对白领的产品。这一数据暴露用户年龄阶层的同时，也显示出了消费人群所属的消费阶层，尤其当智能手机快速普及的今天，这种适合高端人群使用的手机，为更多的微信用户加入自媒体提供了可能。时至 2014 的今天，随着智能手机的普及和移动网络的发展，微信用户开始向普通大众蔓延，甚至一些刚买手机的用户系统里自带有微信聊天软件，一部分人抱着尝试的心理接触并使用微信。网络运营商们也在千方百计鼓励用户订购各种流量套餐，为自己增收的同时，也助推了移动互联网的发展。

互动营销要依靠稳定的人际关系

据搜狐 IT 报道，《创业家》新媒体业务负责人曾表示："有这样一种说法。微信 1 万个听众相当于新浪微博的 100 万粉丝。这种说法有点夸大，但仍具有一定的代表性。在新浪微博中，僵尸粉丝和无关粉丝很多，而微信的用户却一定是真实的、私密的、有价值的。"微信关注的是人，人与人之间的交流才是这个平台的价值所在。微信基于朋友圈的营销，使营销转化率更高。但微信基于隐私的保护，会使你看不见朋友

的朋友与他的谈话，而查看"附近的人"这个功能会使自己的相册暴露在任何一个陌生人面前，因为没有取消可见这个功能。熟人社区和陌生人交友，这两个极端的关系链混合在一起，让朋友圈这个产品的定位变成一个艰难的决定。

所谓的互动，就是双方互相的动起来。互动营销是商家和消费者抓住共同利益点，找到最佳的沟通时机和方法才能将双方紧密的结合起来。鼓励双方都采取一种共同的行为。很明显的一点就是互动营销要商家消费者共同参与，商家参与不难，让消费者参与就需要费点"心机"了。类似于早期的微博，在开始玩微博的时候，草根们大多不知道如何与网友互动，在送手机、送 ipad、送土豪金一轮又一轮的疯狂转发之后，似乎大家摸索到了一些门道，那就是做转发，快速扩大传播范围。微信不同于微博，个人号朋友圈发布的内容只能被"评论"和"赞"，对于分享的链接（多是公众账号推送的内容）可以评论、赞和转发，公众号的内容也只能有个人号转发到朋友圈才有机会二次传播。

如果说模仿微博的转发，微信倒是有不少商家尝试了"集赞"活动，"集满 50 个'赞'，送港澳游""集 20 个'赞'送移动电源"……，有不少网友收到了朋友们的"求赞"微信，继微博营销后，商家又将目标瞄准了微信朋友圈，不得不承认，这种基于熟人关系的集赞优势是非常明显的，为面子、为捧场都会主动赞一个，这种营销效果还是不错的。但是过犹不及，物极必反，在众多商家纷纷效仿之后，不得不承认残酷的现实，好方法又被做烂了。在国内这不算是特例，某个领域往往是有少数引领者，更多是追随模仿的。任何一个营销都是可以优化的，这也是笔者常持观点之一的"利润优化"说，没有最好，只有更合适。对于集赞活动越做越烂的情况，有几个重点能把握好，效果还是很可观的。

（1）收获与付出举动成正比，阶层与奖励成正相关。让朋友圈的好友集赞也要符合实际，分析朋友圈的层次，如果都是普通工薪阶层，一个移动电源、充电宝，对圈内好友有一定吸引力，大家会比较喜欢，集赞 20 个也不是什么难事，这事就靠谱，朋友圈好友也会觉得靠谱。如果朋友圈多是一些金领、企业高管人员，对此估计不屑参与，可能还会感觉这个好友"掉份"，甚至有删除好友的风险。

（2）承诺要兑现。这是基本要求，竭泽而渔、玩弄好友感情无异于饮鸩止渴。面对名目众多的集赞，有不少的商家是抱着玩一玩的心理，没有准备任何跟踪服务，更没有礼品，忽悠一个算一个，这是被做烂掉的原因之一吧。在 2013 年底笔者回老家过年之际，看到镇上量贩大厅里面就停了一辆小轿车做奖品，其实不过是营销手段而已，那车放了几天就没在了，最终车落谁家不得而知，但是对于普通人来说很难明白其中缘由，很多人还是会积极参与，这种效果还是不错的，倘若来年故伎重演也难免有流语蜚言。

（3）跟踪报道活动全程镜头，不能让人感觉是忽悠，要有始有终，有图有真相。在开始集赞活动之前，把活动规则、活动细节、活动要求一一公布，对活动投入的物力、人力、财力也都图片或视频的形式展现出来，让人感觉是在玩真的，有氛围，是在搞活动，这样更能调动大家参与的积极性。对参与者有绝对的感恩心理，不论结果与否，都要给对方所付出的以肯定和感谢。小到一个简短回复、一个回赞，大点到邮寄礼品、请客吃饭、答谢会、旅游券等。

但凡营销人都知道，互动营销之所以能互动起来，不但要靠互动鼓励机制，还要有参与者的"熟悉"关系，熟悉的人比陌生人更容易激动，人多多少少会在陌生人面前有所收敛，这是人性，但是对于熟悉的人、熟悉的环境则相对放的开。如果在搞互动营销活动之前，发动身边认识的人参与到这个活动中，气氛会明显提升，相信效果也会有正相关的表现。

自媒体的用户结构，方便的信息推送和送达

微信大众账号可经过后台的用户分组和地域操控，完成精准的音讯

推送。一般大众账号，可以群发文字、图片、语音三类内容。认证的账号则有更高的权限，不仅能推送单条图文信息，还能推送专题信息。据称，在推送的打扰方面，下一版别的推送将悉数撤销声响提示，以便把私家信息和内容音讯区别开来。

在移动社交应用风靡全球的时代，企业更是不能放过因此带来的商机。从社会化媒体的角度来说，微信具备了更为专业的信息传送平台。根据相关媒体报道，2012 年 4 月 24 日美丽说（美丽说是目前国内最大的社区型女性时尚媒体）宣布成为首批登录微信开放平台的应用之一。美丽说的用户可以将自己在美丽说购物中的体验分享到微信中，从而实现信息的互动和分享。随着美丽说进驻微信平台，微信的第一轮开放平台也正式试水。

在美丽说和微信的合作中，我们可以看到自媒体社交平台分享的价值所在。用户通过微信，把一件美丽说上面的商品一个接一个地传播开去。这种基于口碑营销的社会化媒体营销，让信息的传递更为直接和便捷，对于提升媒体营销的效率，起到了无与伦比的作用。加上媒体的移动化，让信息实现了无缝覆盖。

借助微信 4.0 以上版本"朋友圈"的新功能，微信用户可以将手机应用、PC 客户端、网站中的精彩内容快速分享到朋友圈中，并支持网页链接方式打开。这项功能让信息由单薄的短信息方式转为更加全面的信息分享。

社会化媒体和自媒体的快速发展，让传播从被动传播向主动传播过度。媒体发布不仅仅是等待消费者的审视，而是向更为主动推送的方式发展，同时媒体与受众之间的有效互动，形成了强大的营销推力，让自媒体营销变得水到渠成。

自媒体用户与自媒体平台有着基于某种需求的联系，这种联系是建立在双方情愿基础之上的，相对稳定，一旦发生变化，双方都可以单方面的取消"关系"。从这一点来说，自媒体用户意识里是愿意接受平台信息的，这样对于信息推送和传播是非常有利的。

关注微信公众平台是主动意愿的，只有主动关注的用户才会接收到平台推送的信息，服务平台要保证信息的对口性和内容的价值感，假如一青年才俊关注了一个营销策划的公众平台，在初期该平台推送的都是一些运营销、策划、广告相关的文章或视频，后来该平台为迎合众多人的需求，逐渐改变了套路，既有养生、家居类资讯，又有一些成功学鸡血文章，还有诗词歌赋之类，可能他就不喜欢了，这一变化之后，他可能会选择屏蔽该平台信息，甚至取消关注。笔者旗下团队运作一个公众平台：店铺运营密码（公众号：dpyymm），主要免费分享关于运营、营销、策划、销售、广告等相关的资讯，在最开始做的时候就给平台做好了定位。定位相当于航船选方向，没有定位会像没有导航系统的飞机，不知所向，这一点在第四章微信营销思路和策略的章节会讲到。或者有这样的情况，在校大学生在学期间关注的多是一些旅游、笑话以及专业相关知识的平台，一旦毕业之后可能需要关注更多的则是就业、生活、职场类的资讯。有不少朋友是做高考辅助教材类的，做法通常是发布一些答题技巧、攻题策略以吸引高三学生关注，一年之后这个平台就需要换"血"了，平台还是这个平台，但是这些人群已不再是高三学生，大部分都步入大学成了大一新生。这个时候用户结构属性是发生了变化的，我们需要灵活对待、综合考虑。

第四节　黏度营销下的价值聚焦

对于任何一款互联网产品来说，建立客户黏度是关键因素，没有黏度的产品，就不具备可持续发展的机会。QQ 能够发展到现在的规模，归根结底就是其产品巨大的黏度。QQ 改变了人们的交流习惯，人们更加喜欢在互联网上通过 QQ 来交换信息和交流思想。QQ 也成为电脑用户和手机用户必装的一款软件。基于 QQ 产品的巨大黏度，我们有理由相信，微信也会借此发力。

现在，通过微信，用户能收到最新的邮件，收到来自腾讯微博的消息，收到 QQ 好友的离线留言等。微信整合了用户的手机联系人、邮箱、QQ、腾讯微博等多种产品功能，多个产品之间相互依存，并实现黏度的相互转换，这在很大程度上帮助腾讯构建更为稳固的客户黏度。以前我们可能需要打开多个 APP，但现在只需打开微信就能搞定一切了。当然，实现以上功能的前提是，用户必须将微信与 QQ、邮箱、手机号进行绑定。客户是否绑定，在一定程度上也考验了腾讯产品给用户提供的价值。

所谓黏度营销是指企业在盈利模式、品牌塑造、产品研发、营销设计、服务提供等商业行为的规划和实践中，将消费者对产品使用过程中的情感性、习惯性、频率性、持久性、周期性等方面因素进行有机的融合，合理提高消费者的使用次数、频率和周期，实现企业盈利模式的可持续性。这些关于提升消费者购买产品行为惯性的模式设计被称为黏度营销。微信本身具有很强的即时通讯功能性，这一点对微信用户产生了巨大的黏度。而微信的公共平台和开放平台如果能成为众多企业实现微信营销的平台，对于这些企业来说其产品的黏度也是不言而喻的。

微信希望通过将即时通讯产品的黏度，通过黏度转换的方式，让用户对微信的公共平台和开放平台产生黏度。这种黏度转换对于微信公共平台和开放平台的商家来说，就是最大的商机。将微信的产品黏度与微博及 SNS 社交网站进行对比，可以发现，微信产品相对于微博和 SNS 社交网站具有更强的黏度及黏度转移的能力。不同媒体的黏度比较如表 2-1 所示。

表 2-1　不同媒体的黏度比较

	微信	微博	SNS 社交网站
产品黏度	非常强	非常强	较强
沟通即时性	非常强	较强	较强
互动性	非常强	较强	较强
人际关系	非常熟悉的人群 一对一形式为主 一对多形式为辅	熟人和非熟人 一对多为主 一对一为辅	熟人 一对一为主 一对多为辅
分享的媒介	不限文本、图片、音频和视频	以内容为主，140个文字结合图片	重人际关系，轻内容，对文本没有太多限制
娱乐性	内部交流为主	娱乐性强	转帖、游戏为主

　　微信在国内的热度不用赘述，该产品也逐渐由单一应用发展成为平台级应用，各类商机及模式令人产生无限遐想。对于有志于从事微信营销的企业来说，最重要的是聚焦微信与用户之间的黏度。有的投资机构已将眼光瞄向了这里。专注于微信创业项目的金种子投资基金，专注于围绕微信平台的创业项目投资。据了解，目前金种子基金规模约为 1 亿元人民币，投资项目会以 50 万人民币以下为主，但并不限制更高的投资额度。据悉，其已投资了部分项目，更多的项目还在陆续推进中。这在一定程度上推动了在微信平台上的创业和创新。围绕着微信平台如何实现创业，能够帮助微信实现产品的价值化。这在很大程度上能够促进微信的平台建设，是一个相互促进的利好方式。

　　在 2012 年 12 月 1 日的"皮皮精灵微友会"上，金种子基金联合创始人董江勇分享了他对微信机会较为系统的看法，他认为，微信有机会提供三种创业形式，并实现产业价值的最大化。第一，从微信的语音、视频和图文数据吞吐量看来，它很有可能会成为最大的移动通信运营商；第二，微信可能会成为全球最大的移动社交网络，其中孕育的商机是巨大的；第三，如果微信能在安全、便捷的基础上开放数据、数据运算和关系等，它将成为最大的移动开放平台。而这三个方面似乎都有巨大的商机可以挖掘。从移动运营到社交网络，再到移动开放平台，微信能以最为广阔的视野实现这三个战略目标。当然在这个过程中，如何最大程度地提升用户的价值感，实现产品黏度的最大化和持久化，是微信最应该思考的问题。这也说明，用户的黏度是微信营销成败与否的关键，在这一点上，微信的开发者们似乎更有清醒的认识，在某些功能的开放上，腾讯方面始终保持谨慎的态度。他们十分担心一旦某些功能破坏了产品的黏度，对于 QQ 和微信来说都是致命的打击。

目前，腾讯自己围绕着微信已展开了部分业务布局。例如广告、支付、在线娱乐、搜索和电商等，这些都可能以自营方式展开。但在游戏开发、微信营销和创意设计及其他辅助应用方面，还需要微信以外的资源提供最大的支撑，不可否认的是，当微信开放第三方平台之后，将有越来越多的创业者涌向这里，实现自己的创业和发展之路。同时，对于微信营销的战略性挖掘则需要微信和企业共同努力去实现。微信营销不仅仅需要的是平台的支持，更需要更多的用户持久地在这个平台上实现价值最大化，这是微信作为第三方平台必然要思考的问题。

第五节　O2O 模式下的探索营销

O2O 是英文 Online To Offline 的字母缩写，意思是将线下商务的机会与互联网结合在一起，让 PC 端网络或移动网络成为线下交易的前台。这样就可以实现在线上来揽客之后通过线下来服务，消费者可以用线上来筛选服务、咨询、成交等可以在线结算，当然没有严格规定哪一步骤要在网络上或者哪个步骤要在线下，更多的是注重实现两者有机结合，提升用户体验。据权威相关人士对 O2O 模式评价说，"在本地化、互动化方面，O2O 是大趋势"。无论你知不知道 O2O，这个市场正在被迅速激活，并且大有风靡之势。

O2O 与团购团购

（Group purchase）就是团体购物，是指认识或不认识的消费者联合起来，增强与商家的谈判能力，以求得最优价格的一种购物方式。商家会根据薄利多销的原理，适当给出低于零售价格的团购折扣或单独购买得不到的优质服务，类似于批发业务，批发则是买的多就便宜，可能一个人或者多个人买，团购是多个人有意识的组合起来形成购买优势。从近些年团购网站的发展来看，O2O 模式这种在线支付购买线下的商品和服务，再到线下享受服务的模式已被证实可以被消费者所接受。因此，团购用低价推销的模式，完成了 O2O 行业的用户初期的教育工作，使人们开始熟悉并接受这种支付和服务"分开"的购物方式，同时也完成了 O2O 模式原始用户的积累，O2O 模式的魅力开始显现。有数据显示，美国线上消费只占 8%，线下消费的比例依旧高达 92%；而中国的这一比例，分别为 3% 和 97%。有资深分析师表示，目前，网购消费只占消费者消费支出的一小部分，像餐馆、理发店、美容店、干洗店、健身房、KTV 等这些与生活息息相关的服务消费才是占据最大比重的，而这些服务必须要消费者到实体店才能享受的。由此可见将线上客源和实体店消费对接蕴含着巨大商机，生活服务类的网络市场有可能比货物网销潜力更大，目前国人消费主要集中在服装等货物消费上，而生活服务消费才是消费主力人群的大头支出，O2O 消费机制一旦流行，将来生活服务方面的消费或许会超越货物网销。

对于商家来说，利用微信平台实现线上揽客不失为开展 O2O 营销的良策，不论是个人微信号好友还是微信公众平台的关注者，当关注好友达到一定数量时，对其进行团购优惠活动，最简单的 2 人同行 8 折优惠，5 人同行 7 折优惠等，在身边的一些美发店时不时的店面会挂起"两人同行，一人免费"的横幅，这不正是微团购嘛，相对于店面前的过客而言，在网络挂起同样的"横幅"优势更大，不只是成本低，面对的人群也更广泛，O2O 模式大有可为，尤其对于小微企业及店铺，做好了网络揽客的销售额可能会是店面直营业额的几倍。

O2O 与消费者

对消费者而言，O2O 模式可以提供丰富、全面、及时的商家折扣及优惠资讯，能够轻松快捷筛选、并订购合适的商品或服务，且价格相对实惠。比如，影迷板王在咖啡馆浏览微信朋友圈，偶然看到附近一商家在做购物送《变形金刚 4 绝迹重生》电影票的活动，对于他来说，可能不在乎购物与否，在一票难求的情况下，更在乎这张票。这也是一种优惠，对于消费者板王来说顺利获取了自己所需。可以说，线下运营能力的高低很大程度上决定了 O2O 模式能否成功，而线下能力的高低又受到线上的用户黏度的制约，拥有大量优势用户资源对于 O2O 的开展非常有利。只有有了用户才有可能带来顾客消费的转化，如何拥有大量的用户资源会是 O2O 群雄逐鹿成败的关键一环。在市场经济的竞争机制下，买方是市场主角，面对商家各种各样的"免费""折扣""优惠"鱼龙混杂，顾客已显疲倦，在微信平台上要吸引用户就得分享价值从而形成顾客与平台之间的粘黏。

O2O 与商家

对于商家而言，O2O 模式要求消费者选择在线上支付，直接降低了现场交易所带来的现金流风险，降低了交易难度，方便商家对消费者联系方式等信息的收集，便于以后精准营销的开展。通过线上获取顾客一定程度上降低了运营成本，同时也就增加了利润。此外，在线上获取顾客比现实中更容易保持继续沟通的可能，易于对成熟顾客群的圈养。对于传统店铺最大的劣势——地理位置，O2O 模式在一定程度上可以缓解这种劣势，甚至扭转劣势带来的影响，线上宣传并付款的形式，使地理位置对店铺的制约大大减小，还可以减少店铺的租金支出。一个顾客金先生开了一家美发店，针对顾客属于中高端，他把美发店换在了并不繁华的写字楼里，现在店铺主要做老顾客，新顾客主要是通过与其他商家整合而来的，比如，与服装店达成协议，凡是一次性消费满300元，赠送30元美发现金券一张，在自己的店可以直接当钱用，这样靠一次免费服务迎来了第一批新顾客，在顾客拿券来理发时会邀请他们留下联系方式等信息做备注，并当场加他们微信好友，之后靠不懈的微信好友发生"关怀"信息，微信朋友圈分享美发、个人形象、着装打扮、个人风水、人体气场等资讯，甚至他们会有一个专门的顾客信息记录：理发时间、偏好发型、在乎的细节、工作状况、家庭情况等，一部分顾客会成为老顾客，之后他们会根据顾客情况适时推出"美发提醒""家庭套装"等活动。用金先生自己的话说，比挤在理发街抢客源好多了。

第六节　微信营销价值的深度挖掘

随着微信的不断发展，其在技术层面已经日渐成熟，对于微信来说，此时此刻需要考虑的就是如何实现平台价值的最大化。要实现微信平台价值的最大化，最快的方式就是通过微信营销。相对于第三方平台和移动社交平台，微信营销是最为实在也最为有效的微信价值实现手段。因此，对微信来说，努力挖掘和实现微信平台的营销价值是当务之急。

微信营销作为一种新的营销方式，是以微信为营销平台而建立起来的。微信营销发展至今，已经有越来越多的的企业和个人从中尝到了甜头，发展前景也非常值得期待，那么相对于一些传统的互联网，微信营销又有着哪些优势呢？

庞大的客户资源，让企业垂涎欲滴

对于企业来说，最大的市场才意味着最多的商机。在这一点上，腾讯似乎最有发言权，腾讯的用户数量绝非一般企业就能够拥有的客户群体。早在 2010 年 3 月 5 日，腾讯公司致信全体网友，当日 19 时 52 分 58 秒，腾讯 QQ 同时在线用户数突破 1 亿。这不仅意味着有 1 亿多人在同时使用 QQ 这个即时通讯产品，实际上 QQ 的注册账户已经超过 10 亿个，活跃用户数接近 5 亿。QQ 网友遍布全球，随着国际版 QQ 的发展，其影响力也逐渐超出华人文化圈。而微信作为腾讯的主要战略产品，其重要地位显而易见，微信的最大价值莫过于依托于腾讯强大的用户群。在网络时代，用户为王，谁有用户谁就有发言权，谁就有机会赚钱。刚开始腾讯在 QQ 的盈利模式并不清晰，一度想把这个软件卖掉，只是想赚点钱而已，后来很幸运留下来自己做了，并很快形成了客户资源的原始积累。

虽然目前微信的用户已经突破 3 亿，但是相对于腾讯 QQ 的 10 亿用户，微信还是显得十分单薄。但是，微信的强势增长势头是任何人都无法忽视的。微信的发展速度之快、发展空间之大堪称惊人。毫无疑问微信已经成为当下最火的互联网通讯工具，而且根据腾讯 QQ 的发展轨迹看，我们有理由相信腾讯完全有实力让微信实现价值的兑现。与 QQ 联系意味着与庞大的客户资源对接，Discuz 被腾讯收购之后，群里网友调侃说腾讯收购了 Discuz 之后会怎样发展 Discuz，当时就有人戏言会在论坛上整个 QQ 登录，果不其然，腾讯不久之后就开放了 QQ 在该源码下的论坛的登录，只要电脑上有 QQ 登录着，在该程序之下的网站都可以一键登录，后来，越来越多的网站开始进入申请 QQ 的开放接口的洪流。这仅仅是整合了一个 QQ 快捷登录，微信是腾讯又一战略产品，不仅整合了 QQ 好友、手机通讯录，还每天推送腾讯新闻，还可以接收 QQ 离线文字消息，功能之聚合，可谓前所未有。与微信牵手，意味着更多的客户资源，越来越多的商家想搭乘微信的渔船，很多商家开始介入二维码营销、公众平台、微信支付、（京东）购物、微信商城以及第三方应用嘀嘀打车等功能的使用。

移动互联网技术的普及，让更多的人受惠于移动终端的发展

随着移动互联网技术的成熟，以及智能手机的普及，微信已经慢慢地从高收入群体走向普通大众。移动终端是未来手机行业发展的必然趋势，相信在若干年之后，智能手机必然占据手机行业的主流。与此同时，微信很有可能抢占智能手机软件的霸主地位。就像 QQ 作为电脑聊天工具的地位一样，几乎没有其他软件可以轻易撼动。相对于 PC 电脑而言，未来的智能手机不仅能够拥有 PC 电脑拥有的所有功能，而且携带方便，几乎可以随时随地查阅。借助移动终端的优势，微信天然的社交、位置等优势，一定会给用户和商家的营销带来巨大的便利。在未来的一天，即使你在一个陌生城市，只要手机有移动网络，你可以随时随地查阅附近消费场所，根据需要还可以帮你提供多种选择方案。在你逛商场之时，你可以随手扫描二维码获取商品的相关信息，之后只需在线支付，然后在家中等待送货上门。在 2014 年 9 月 3 日，百度世界大会在北京宣布推出"直达号"，并高呼由传统服务行业向移动互联网转型，百度直达号是基于移动搜索、@ 账号、地图、个性化推荐等多种方式，移动市场蛋糕很大，百度也掺和进来了，这也给微信必须迈开创新步伐的催促和激励。笔者斗胆猜测，未来微信或许会在微信内直接植入地图、个性化推荐等偏向服务消费人群的插件。2014 年 8 月 29 日，万达集团、百度、腾讯在深圳进行战略合作所谓的"智慧商业"，或许之后会在移动互联网商务有更大动作。

微信会被作为手机必备软件之一，不论你是找密友侃大山，还是找附近的人搭讪闲聊；不论你是想浏览朋友圈分享，还是想看公众平台推

送的资讯；不论你是想找同事客户谈论工作，还是想跟朋友分享快乐，你都会选微信平台，这或许也是腾讯对微信定位和期望，腾讯更希望微信是一个移动互联网入口的综合平台。

强互动性，让微信的黏度更强，价值更大

随着移动终端的发展，单向媒体的宣传作用将逐渐被互动性的媒体所弱化。越来越多的个体将有机会参与到更多的互动过程中去。信息的单向传导无法产生更多的价值碰撞，而信息的交互式流动才会产生更大的价值。虽然前些年火热的博客营销也有和粉丝的互动，由于 PC 电脑的限制，但是并不及时，除非你能天天守在电脑面前。而微信就不一样了，它具有很强的互动及时性，无论你在哪里，只要你带着手机（现代人又有多少出门不带手机的），就能够很轻松地同你的未来客户进行很好的互动。对于商家来说，客户最重要的是忠诚度和精准度，要获取忠诚的客户就要对客户不断地沟通和教育，要获取精准的客户就要对客户不停的筛选和淘汰，而要实现对客户的沟通教育和筛选淘汰，最终需要与客户不断的互动，唯有互动，才能让黏度更强，在一次次沟通教育的同时让彼此淘汰，最后经过层层过筛之后，大浪淘尽始得金，能够彼此保留下来的一定是忠诚度和精准度最高的。

真实和私密的交流空间，让价值感更强

如何获得更为真实的粉丝支持，是自媒体时代非常现实的问题。有很多企业的官方微博具有几万、十几万甚至几十万的粉丝，可是，当企业发布某些信息之后，能够转发和评论的却寥寥无几。一方面说明有些微博的粉丝质量不高，另一方面也说明了微博的互动性相对比较差，无法满足企业互动营销的需求。但是微信就不一样了，其用户一定是真实的、私密

的、有价值的，也难怪有的媒体会这样比喻："微信的 1 万个听众相当于新浪微博的 100 万个粉丝"，这虽然有夸张成分，但却有一定的依据。

在网站盛行时期，有这样一个说法"流量为王"，网站只要有流量就可以实现盈利。微博盛行时期，有人提出"粉丝为王"，微博账号只要有粉丝，就可以实现盈利。现在微信时代，你认为什么为王？其实营销经过几个时期：流量玩法、营销玩法、运营玩法、精准玩法，不管你有没有经过这几个时期，它们都存在着。在微信时代，绝对是精准玩法，不管你的微信朋友圈好友也好，微信公众平台的关注者也罢，要的就是精准，也就是说这些愿意跟你有联系的人，他们是你产品或服务的精准目标顾客，就像钓鱼，你要在鱼塘下钩，而不是大海里随便撒网。

跟微博不一样的是，微信相当隐私，你不会看到你的好友有多少好友或者他是谁的好友，你也看不到你所关注的公众平台有多少关注者，你只能看到与你有直接关系的用户，这就形成了相对的隐私，这种隐私也无意中加大了用户之间的好友门槛，不是自己熟悉的人不会被轻易加入朋友圈，或者说在朋友圈都不是特别陌生的人，无疑，这种隐私感，让微信平台资讯的价值感更强。在淘宝这样的购物平台，我们选择购物时或许会选择多家比较一下价格、材质、好评等产品相关信息，但是在微信这个相对私密的空间，没有可选择的对比对象，用户更多的是基于推荐或分享者本能的信任，更容易排除其他干扰，更容易下单购买，商业价值自然也就更大。

微信平台开发潜力巨大，商业价值无限

如果我们简单地认为，微信的营销价值只是体现在微信的信息传递和互动性上，那我们就大错特错了。微信的最大营销价值在于其商业平台价值的开放。我们都知道微信还有一个公众平台和开放平台。公共平台现在已经汇聚了众多的商家，提供 APP 应用服务。仅仅是一个 APP

的应用服务就已经让众多的商家尝到了微信营销的甜头。在微信的开放平台上，架构起企业的营销系统，这对于企业来说才是真正的微信营销，并且微信官方正在逐步开放和完善这个接口功能。

在这一点上，从事微信营销的创业团队更有发言权。现在已经有越来越多的微信创业团队利用微信平台创建了自己的创业平台。基于微信开放平台的微信周边项目，一些天使投资人也在蠢蠢欲动。但就微信营销本身来说，由于微信的商业模式和盈利模式尚未完全显现，所以一些投资机构对于微信营销项目的投资仍持观望态度。据网易科技报道，浙商创投高级投资经理李军华表示，自己会看一些关于微信的项目，大多集中在微信营销账号类，尚未发掘好的项目。在传媒梦工场投资总监杨轩看来，微信依旧很神秘，运营尚不成熟，功能增减直接关系到其寄生项目的生死存亡。"在商业化之前，谈微信投资都是不靠谱的。"专投社交媒体类项目的海银资本合伙人王煜全表达了这样的观点。而在腾讯投资并购部门内部，并没有对微信类项目有过特殊指示，据内部人士透露，不排除投资微信类项目的可能，也许会在资金和战略上扶植微信创业者，看中有长期发展潜力的微信类创业项目。

即便如此，仍有很多投资人对微信类项目展现出了浓厚的兴趣，一方面是因为微信"很神秘"，另外一方面是因为微信强大的后台支持，那就是腾讯。不可否认，微信已经帮助腾讯完成了移动互联网"卡位"的任务，并且坐拥 3 亿用户，成为目前移动互联网领域最成功的平台化产品。这是微信营销有魅力的一点，任何投资机构都不否认。有风险投资专家认为，微信所建立的开放平台潜力巨大："微信的技术视野开阔大气。从客观上讲，也具备形成 AppStore 的条件。借助微信快速成长及推动公众平台发展的意愿，创业团队可以很快获得用户资源，创业成本也相对低廉。"在这一点上，很多创业者也完全认同。但是，最大的前提是，微信的生态链需要进一步成熟，关键是解决用户的支付问题，而这一问题腾讯已经在着力解决中。相信这只是技术层面和时间的问题，从其他层面来说，不会存在太大的难度。

长远来看，微信上的应用能否达到和独立 APP 类似的功能是检验平台能否产业化的标准。尽管业界有传言称微信或许会成为下一个 Appstore，也有一部分人猜测，此举风险大回报低，微信有可能不会采取这种方式完善平台。但要是把微信做一个类似浏览器的入口，支持 HTML5，对微信来说是一件很容易的事情。蛙酷 CEO 杨亮在微博中这样写道："经人启发，的确感到微信手法可能相当凶悍：把原生、HTML5 的优势融合起来。HTML5 的应用因此打开空间。微信将有可能既是浏览器入口，又是 App Store。但它却既可以调用摄像头、通讯录和传感器，同时还无需费时下载。用户只要写 HTML5 应用就可以，它把这个应用封装得接近原生体验。很大的一盘棋。"当然，以上说的都是一些技术层面的问题。相对于腾讯来说，可能最不必担心的就是其技术的研发能力。腾讯公司在技术和研发上的投入一直是互联网行业中的翘楚。

就在大家期待微信推出游戏的时候，腾讯有了相关动作。腾讯花费 4 亿元在韩国投资的 KaKaoTalk（韩国版微信）推出了游戏服务 KaKaoTalk Game，通过该服务上线的游戏仅 10 天便纷纷跻身于谷歌 Play 商店游戏排行榜的前列。有预测称，微信将推出诸如卡牌类的重度社交游戏，为第三方游戏厂商进驻搭建平台，并从中盈利。等到那时，微信周边的创业者们，会迎来一个资本的春天。

以腾讯目前的实力和微信的基础来看，相信微信不会仅仅取悦于投资机构如何考虑，微信更加关注的是客户体验，只有不断提升客户价值才是微信真正会考虑的问题。当然微信营销也不仅仅停留在媒体和游戏层面。载入更多的资源，使微信平台更加丰富，才是实现微信营销的根本。

腾讯公司高级副总裁张小龙在接受 CCTV 财经频道《经济半小时》采访时称："我们都认为微信最终会跟线下的生活结合得非常紧密。比如说，我走到这里，我可能想到附近租一个房子，或者到附近找一个好的餐馆吃饭，这样的需求可能现在的移动终端应用还没有解决得特别好，这是我们下一步想要去尝试的。"2012 年 5 月 15 日，微信开放了 API（Application Programming Interface，应用编程接口）接口给第三方应用，使用户间可以通过第三方应用分享图片、音乐和视频，正式迈出了开放的第一步。随后，微信以二维码为入口进军 O2O，迅速推出了"扫一扫会员卡"功能，通过微信会员卡让更多线下与线上用户享受移动互联网的便捷，获得生活实惠和特权，同时帮助商家与企业建立泛用户体系，搭建富媒体的互联网信息通道。

随着越来越多的合作伙伴加入微信阵营，微信上已经可以实现找出租、订酒店、找餐馆……通过微信就可以随时寻找身边的生活服务，微信开始融入大众的日常生活。这似乎才是腾讯真正愿意看到的微信营销，如果把微信简单地和游戏接口连接，那未免有点太低估腾讯的智商了。

移动互联网的兴起鼓励着众多怀揣梦想的草根创业者，很多创业者很早就进驻占位，但是大部分还在寻找赢利模式。"移动互联网上应该产生一些有别于传统的 PC 互联网的一种盈利模式。"张小龙在接受《经济半小时》采访时坦言，微信目前还在探索移动互联网的具体盈利模式，对于第三方开发商而言，微信以惊人速度累积起了优质的用户基础，其商业价值也开始呈现。"我们希望它，第一能够在平台性方面走得更远，真的成为一个很好的移动互联网的基础设施，可以为整个业界提供很好的一个通讯开放平台，让所有的第三方都能够把他们有价值的应用，通过这个平台来接触到更多的用户。"张小龙表示，希望让更多第三方应用能享受微信的整个通信基础架构和社交，在移动互联网平台上获得收益。对于互联网营销建立客户黏度，同时实现良好的"卡位"才是根本，一旦某些企业在微信上建立了"卡位"的优势，后来者将付出巨大的代价才能够扭转这一局面。

在《经济半小时》的专题报道中，知名互联网评论人士管鹏指出：随着越来越多的企业加入微信阵营，并从中获益，微信已经在移动互联网领域全面领先。正如《经济半小时》在节目尾声评论：腾讯成功了，它凭借自己的智慧成为了新经济的引领者，甚至是中国经济转型的重要开拓者，它的成功标志着个人梦想和国家命运的有机结合，未来互联网经济将会越来越成为世界经济发展的重要推手，我们也希望有更加宽松的环境和政策来鼓励年轻人创业，鼓励草根创业，让充满活力的新经济助推中国经济持续稳定的增长发展。

微信平台的开发潜力，目前来看主要集中在开放平台上，很多企业通过微信认证开始涉入开放接口的二次开发和运用，当然，不排除以后官方直接在微信内部添加一些插件或应用的可能，在 2014 年 1 月 4 日，微信就在产品内添加由"嘀嘀打车"提供的第三方打车功能，是微信商业价值体现的又一步尝试，微信最终目的是为了用户体验，就像从开始到现在淘宝规则一直在变，有人因此戏说淘宝唯一不变的就是不停的在变，但是核心一直是更好的服务买家和卖家，这一点不会变。如果有一个"咚咚送餐"的应用能够很好解决写字楼点餐服务，也有可能被微信直接添加在微信内部。在手机 QQ 上有一个"吃喝玩乐"主要是针对本地商家消费者，作为自己产品的腾讯并没有把这个插件功能搬到微信上去，可以说腾讯对微信产品举动非常慎重，他不希望微信是 QQ 的复制品，对之有着更高的期望。如果将本地商家用地图的形式来展示或许会更受欢迎，笔者大胆猜测，未来的微信或许会有一个"附近的店"，打开里面会是一张地图，按图索"骥"，地图带有搜索功能，我们可以搜索附近口碑好的店铺，进店消费之后，还可以评论、分享，这也许会给消费者及本地商家带来更多方便。

第七节　移动消费模式的发展

提到微信，我们最深的印象可能就是它的语音短信，按下"说话"

键，聊上几句，然后放开按钮，语音就会传送给好友，仅因为此功能的威力，很多人把微信当对讲机，当然，我们也可以用类似的方法，向好友发送文字、图片、视频。当然，这只是微信最基本的功能之一。从目前来看，微信的功能大致分为三块：一是熟人社交，它整合了通讯录、QQ、邮箱的部分功能，这是微信最传统的功能，陌生人社交可以通过摇一摇、附近的人、漂流瓶的功能来实现；二是公众平台，该功能可以帮助用户与公众账号（明星、企业）建立联系，该模块最能体现微信的商业价值；三是开放平台，开放平台需要企业和个人根据其应用要求，进行针对性的开发，并在此基础上实现营销。

微信用户常常能收到系统推送的消息：某位 QQ、通讯录好友加入了微信，系统会自动提醒赶紧添加他们为微信好友。这里的熟人社交主要指用户与微信好友之间的交流。目前，微信好友大都来自 QQ 好友和手机通讯录。微信的语音短信曾经风靡一时，但现在已经演变为它的基本功能。我们可以发现，语音短信功能已经被广泛地运用到其他 IM（即时通讯）软件中，如手机 QQ。微信的最大亮点在于整合优势。

微信营销可以以企业的公众账户为切入口，实现客户服务、品牌维护、品牌营销、电子商务等功能，由专人或者独立的部门进行运作，多渠道推广获取目标客户粉丝。让更多的粉丝有机会参与到微信的互动中。通过与粉丝的互动沟通与精细化粉丝管理，最大程度地发现粉丝的价值需求，进行针对性的营销。通过微信管理，企业应服务与营销并举，不能一味地盲目拓展营销，而忽视了管理和服务的作用。通过建立客户的完整数据库，对客户价值进行分类，对应不同的建立客户黏度的方法，最大程度实现持续营销、口碑营销及黏度营销的结合。

移动消费时代，消费者消费习惯的改变，从互联网向移动终端靠拢，从 PC 端转向移动互联网、互联网与人们的日常生活更密切，移动终端相对于互联网显得更加即时和便利。用户可以随时随地地进行选择和购买。相信这也是微信推出公共平台和开放平台的初衷。同时，对于微信与用户之间一对一的产品推荐模式，势必将成为商家产品推介的主流模式。随着自媒体与用户之间的不断资讯推送和互动，由陌生到相识再到相知，两者会慢慢建立一定的信任关系，在以后的推送中，用户会更加相信自媒体的推荐，相信熟人的推荐已经成为消费的选择前提之一。在这个信息极为充裕的社会里，消费者已经习惯于熟人间的相互学习和了解，消费者之间的相互影响已经超越企业的自我推销的力量。

人类的社会属性决定着人与人之间必须进行沟通，同时渴望深层次的沟通。自从莫尔斯电码微弱传送的一瞬间，自从贝尔在电话中说出"我的咖啡洒了，来帮忙"之后，电报、电话打开了人类沟通的另一扇窗。自从人类在 1946 年发明了第一台计算机以来，人与人之间的沟通方式出现了翻天覆地的变化。手机的出现实现了人类移动的沟通方式，而智能手机和移动互联网的成熟，改变的不仅仅是沟通交流的方式，它将颠覆现有的商业模式。

移动互联网让人们对网络更为依赖，不论是在公交车上，还是在公园的长凳子上，越来越多的人在把玩自己的手机，有时候在聚会的餐桌上大家都彼此低着头在玩手机，甚至于人在对面却习惯于用微信打字聊天。在刚下车、刚结束会议、刚吃完饭等事情告一段落之后，很多人习惯性掏出手机、划开屏幕，看看 QQ 空间、刷刷微博、聊聊朋友圈。更有甚者，不得已有了手机综合症，24 小时离不得手机，出门不带手机没有安全感，甚至感觉自己与世界脱离。1995 年，马云决定在中国做互联网，打着比尔·盖茨的旗号说了句话：互联网将改变人类的方方面面，如果套用马总这句话，移动互联网将颠覆人类生活的方方面面。金小姐是一家公司的财务人员，平时工作与网络关系并不大，对网络熟识度算是处于中低水平，用得最多的是 QQ 及淘宝购物，公司为了提高工作效率建立了内部微信群，要求人人参与、一些日常工作事务都要在微信平台的群里沟通，对于这个不怎么玩网络的人，几乎 24 小时保持微信界面。如果用流水账的形式介绍，她的工作是这样的：

6：30 左右伴随着手机闹钟起床，洗漱、早餐之后坐车上班。

8：30 左右到公司，在前台处打卡签到。

8：40 先打开微信看一下，今天需要处理的事情，比如打款、发票、汇兑等琐事。

9：00 左右打款，能在网络操作的大都会就在线操作。

9：20 用微信"嘀嘀打车"叫计程车到银行，在车上时间，浏览微信朋友圈、聊聊微信好友。

10：30 左右返回公司，处理繁琐杂务，如果时间有余，浏览下网页、看看视频。

11：30 左右，电话或者微信或者 QQ 下单叫送外卖，或者下楼去附近餐厅就餐。

1：30 左右投入到下午工作之中，A 公司的款到没？B 公司的出货单据一同发了吗？C 公司的发票什么时候能开出来？总之应付一些来电及公司内部微信群消息。

6：00 左右下班，听着手机音乐，要么乘公交、要么乘地铁、偶尔骑着电瓶车走在回家的路上。

7：00 开始进入超市买菜，并准备做饭。

8：00—9：30 打开手机，连上 WIFI，边吃饭边看喜爱的"宫斗"电视剧。

10：00 左右洗漱完毕后躺下床，酝酿睡意。

11：00 之后，睡意正浓，鼾声连连，手机微信偶尔"咚咚"的在响着。

这或许只是一个城市上班族的缩影，跟大部分人应该有着不谋而合的部分情节，一天当中自始至终手机几乎是离不开身边的，最重要的是离不开网络，不论是硬性工作的需要，还是多彩生活的点缀，移动互联网已经成为我们现代生活中不可或缺的一部分。

曾经有人把人类沟通的方式分为了十个等级，分别是面对面交流、视频聊天、电话沟通、书信往来、通过即时工具聊天、短信沟通、电子邮件、微博在线沟通、微博留言、微博。无论何种沟通方式，目的只有一个，那就是相互交换信息，以实现信息的碰撞和交流。

手机作为移动终端，已经开始具备了消费功能。用户可以在手机上完成从产品选择、购买、支付、评价和传播的一系列行为。在这个过程中微信将发挥不可替代的作用。微信已经开始介入优惠券领域。当微信把电子会员卡在北京、广州、上海做到老少皆知后，微信又开始进入其他区域。在口碑卡的诞生地杭州，微信电子会员卡仅在外婆家运行一个月，就收获 3.5 万名粉丝。

手机作为现在绝大多数消费者必备的生活用品之一，其功能已经超越简单的通讯。随着智能手机的普及，手机越来越多的移动互联网的价值被开发出来。尤其是基于 APP 的手机应用程序的开发，让手机的营销功能得以进一步的释放。

最近有一种利用手机定位功能开发的手机应用软件 "e 代驾"，受到了很多希望得到酒后代驾服务的朋友的青睐。通过手机定位功能，可以将用户的位置及提供代驾服务驾驶员的位置都呈现在手机上。消费者可以根据代驾司机距离自己位置的远近，以及代驾司机服务的等级，选择驾驶员为自己提供代驾服务。同时，在选择代驾服务的同时，消费者还可以实时监控提供服务的驾驶员的位置。此时，手机不仅是消费者与商家的有效沟通的平台，还为商家拓展业务提供了机会和可能。同时，动态的驾驶员评估系统，对于提高服务的水平，实现企业经济效益与社会效益的有机结合提供了可能。

2012 年是手机短信诞生 20 周年，有媒体预言短信的衰退已成定局，而彼时微信才 2 岁，正引领着一股崭新的沟通潮流。手机也从通话的功能向移动终端发展。手机作为移动终端也将承载更多的功能。

03

微信营销 VS 其他网络营销

　　相对于微博营销模式的日渐乏力，微信营销正散发着无与伦比的魅力。微信营销的核心价值究竟在哪里？如何实现微信营销与微博营销模式的有机集合，实现个体需求与企业需求的有机融合，都是微信营销必须考量的营销机会，从而有效发挥微营销的整合作用，最大限度地提升微信营销的战略价值。

微博、微信，一个是中国互联网的明星，一个是中国互联网的后起之秀；一个出身于中国最大的门户网站——新浪，一个出身于中国最大的即时通讯公司——腾讯。作为两家公司最具核心竞争力的战略产品，微博和微信肩负着这两家公司伟大的梦想。当我们大谈微信营销的时候，必然要谈到微博营销。两个都是"微"字开头的互联网产品，究竟谁更具优势？究竟谁会在未来的竞争中获得更多的优势？

　　据新浪公司公布的数据显示，截至 2012 年 12 月 31 日：新浪微博的用户注册数是 5.03 亿，日均活跃用户数为 4620 万人，75% 的活跃用户通过移动终端登录新浪微博。企业微博账户数超过了 26 万。2012 年新浪微博的总支出为 1.6 亿美元，营业收入为 6600 万美元，净亏损 9300 万美元。新浪微博的营收占新浪总营收的 20%；其中微博广告收入占微博总营业收入的 75%，占据新浪总营业收入的 15%。微博的增值收入占微博总营收的 25%。据某互联网检测机构发布的数据显示，19 岁及以上的微博用户比达到 88.81%。

　　2013 年 1 月 15 日晚，腾讯微信宣布已达到 3 亿用户，距离 2011 年 1 月 21 日发布第一个微信版本，耗时不到两年。从用户量来看，目前新浪微博的用户数略微占优，不过微信背靠腾讯这棵大树，相信用户数还会不断攀升。

　　从微博和微信的产品黏度来看，微博的黏度比微信的黏度稍强。微博作为信息的发布平台，信息的容量和时效性要比微信强，同时，微博也是人们联系朋友的社交工具之一。而微信目前还没有成为人们满足基本需求的主要工具，微信用户现在用得多的是语音聊天、查找附近的人、摇一摇、漂流瓶等主要功能，大多时候是作为用户的一种娱乐功能存在。同时，微博产品的使用习惯要优于微信，微博的信息量巨大，能够长时间吸引用户在其页面进行浏览，且用户对微博的使用熟悉程度要优于微信，很多人已经习惯通过微博来获取最新资讯，并通过微博与网友交换观点和想法。而微信受其产品定位和功能的限制，目前更多的还是在相对固定的圈子之内进行交流，当然，这也是微信最主要的一个产品特色。

　　在商业模式方面，新浪微博的广告收入已经有了明显的递增。据新浪最新发布的 2012 年 Q2 财报显示，2012 年第二季度，新浪微博广告营收超过 1000 万美元，微博广告占总比达 10%。新浪首席执行官兼总裁曹国伟表示，从客户和广告机构的初步反应结果来看，新的微博广告系统取得了令人鼓舞的成绩。在商业模式方面，微信也在做着一些新的尝试，例如微信推出的微信公众平台，就被业界看做是微信的商业化措施之一。此外，微信与商家推出的微信会员卡也是微信的商业化尝试，不过就目前的情况来看，不管是微信公众平台还是微信会员卡，都没有多少营收，起码跟微博目前的营收相比，相距甚大。但这毫不妨碍微信营销的巨大潜能，微信的巨大潜力是众多商家蜂拥而至的最主要原因，这也为微信营销储备着巨大的势能，相信在 2013 年将有一个强有力的迸发。

　　在未来的竞争中，微博和微信究竟谁会更加具有竞争优势，目前我们无法一概而论。但是在互联网领域内，哪家企业拥有更多的用户，哪家企业的产品黏度更大，哪家企业就更具有优势，这个道理显而易见。与此同时，掌握互联网发展的趋势，能够在新的一轮行业变革中赢得先机，也是未来取胜的关键。微信作为移动互联网发展的产物，在移动互联网的发展和变革中必将留下浓墨重彩的一笔。可以说微博与微信的竞争才刚刚开始。究竟谁能够成为最终的赢家，我们拭目以待。

第一节　曾经的微博营销

紧排微信之前的就是微博，微博即微博客（MicroBlog）的简称，是一个基于用户关系信息分享、传播及获取的平台，用户可以通过WEB、WAP等各种客户端组建个人社区，以140字左右的文字更新信息，并实现即时分享。世界上最早也是最著名的微博是美国Twitter。2009年8月，中国门户网站新浪推出"新浪微博"内测版，成为门户网站中第一家提供微博服务的网站，微博也正式进入中文上网主流人群的视野。社科文献出版社出版的《新媒体蓝皮书：中国新媒体发展报告（2012）》一书引用中国互联网信息中心统计数据，到2011年12月，中国微博用户总数达到2.498亿，成为世界上微博使用的第一大国，其发展速度可想而知。

对于"微博"有多个不同的定义。国内知名新媒体领域研究学者——陈永东，在国内率先给出了"微博"的定义（总结自2011年"搜狐网络媒体大讲堂"）。他认为，"微博"是一种通过关注机制，分享简短实时信息的广播式的社交网络平台。其中有五方面的理解：①关注机制：可分单向、双向两种。微博上有许多信息是在传统媒体上看不到的，而公众对公共话题天生有一种关注心态，在微博上更容易形成互动；②简短内容：通常为140字；③实时信息：最新实时信息；④广播式：公开的信息，谁都可以浏览。微博可以通过手机及短彩信随时随地发布信息，与短信相近，但是短信传播方式是"One To One"，而微博则是"One To N To N"。同时，微博资费比短信低廉；⑤社交网络平台：把微博归为社交网络。最为通俗的解释就是：微博提供了这样一个平台，你既可以作为观众，在微博上浏览你感兴趣的信息，也可以作为发布者，在微博上发布内容供别人浏览。发布的内容一般较短，因为有字数（140字）的限制，微博也由此而得名。当然，微博不仅仅可以发布图片、视频等信息内容，其最大特点是：快速发布信息，更快速地传播信息。例如你有100万听众，你发布的信息会在瞬间传播给100万人。有人曾经这样调侃微博的传播力：如果你的粉丝超过一百，你就好像是本内刊；如果你的粉丝超过一千，你就是个布告栏；如果你的粉丝超过一万，你就好像是本杂志；如果你的粉丝超过十万，你就是一份都市报；如果你的粉丝超过一百万，你就是一份全国性报纸；如果你的粉丝超过一千万，你就是电视台；如果你的粉丝超过一亿，你就是CCTV了。由此可见，微博的巨大传播力和影响力。

微博的操作非常简单，发布信息也十分便捷。既可以通过PC网页进行发布，也可以通过手机的APP端口进行信息的发布。一条微博，最多140个字，用户只需要简单的构思，就可以完成一条信息的发布。这一点相对于博客要方便了很多。毕竟要构思一篇好博文，需要花费很多的时间与精力。同时，微博互动性非常强，用户可以与粉丝进行即时沟通，及时获取信息的反馈。相对于其他的信息传播形式，微博具有自主性强、互动性强、操作简单方便的特点。

虽然微博具有诸多优点，但是微博营销也需要具备一定的条件才能够开展起来。首先，微博的博主需要有足够的粉丝才能达到传播的效果，人气是微博营销的基础。应该说在没有任何知名度和人气的情况下去实施微博营销几乎没有什么效果。其次，由于微博里新内容产生的速度太快，如果发布的信息粉丝没有及时关注到，那就很可能被埋没在海量的信息中。最后，一条微博的传播力有限。由于一条微博只有几十至一百多个字，所以其信息仅限于在信息所在的平台上进行传播，很难像博客文章那样被大量地转载。如果微博的发布缺乏必要的趣味性和娱乐性，就会让粉丝感到乏味。当然，一条寓意深刻同时娱乐性和趣味性都很强的微博则会在短时间内被网友和粉丝爆转。

微博营销一个显著的特征，就是微博营销必须要与粉丝进行互动。互动好的微博营销才是真正有价值的营销。海尔曾经在新浪上大打广告营销战，但由于缺乏必要的互动，导致效果非常不理想。

那么作为一家企业如何玩转微博，让微博为我所用呢？下面请分享一下企业玩转微博的基本步骤。

第一步：开通企业微博，扩大知名度和影响力

企业刚刚开通企业官方微博的时候，由于鲜为人知而得不到更多粉丝的关注，这个时候实施微博营销根本没有任何效果，很难得到粉丝的互动和认可。因此，企业要做好微博营销，必须先做好微博，再做好网站推广营销，逐步发挥微博营销的效力。为提高微博关注度，企业可以通过更多地与粉丝进行互动的方式，以获得较高的粉丝关注度。例如，企业可以在微博设立的初期，经常开展一些有奖的互动活动，通过让粉丝关注企业微博，参与企业微博的互动活动，来获得奖品的方式，积极推广和宣传企业的微博，为企业微博带来更多粉丝的关注。同时，企业微博可以在比较活跃热门的微博推荐自己的微博，带动自己微博更多的关注度，从而成功聚集人气。

第二步：提升企业微博粉丝的品质

微博的粉丝数量和质量决定微博的辐射面、浏览率和关注度，很多刚开始做微博营销的企业都会遇到同样的问题，就是没有或是少有粉丝关注。如何才能提高关注度成为众多商家首先要考虑的问题。大多数企业在做微博营销前期，都会通过买粉丝来提高微博的关注度和人气，这是最普遍的一种方法，但却不是企业微博营销最应提倡的方式。买得来

粉丝，买不来关注；买得来关注，买不来互动；买得来互动，买不来真正的微博营销价值。这种做法只适合微博的前期推广，如果中后期依然靠这样的方法提升人气，只能说明这种微博营销方式是失败的。

第三步：聚拢人气，为微博营销打好基础

微博可以通过互动性活动来聚拢人气。比如抽奖，喜欢挑战未知事物是人的一种天性，企业在微博上不定期举办抽奖活动是一种很好的聚人气的方法，而且必须让微友满足以下条件方可抽奖：一是关注抽奖微博，二是转发抽奖微博。微友参加微博抽奖的同时，不仅为商家微博带来高关注度和高浏览量，而且帮助商家把营销信息传递给自己的粉丝，无形中为商家的微博做了一次大面积的网络传播。

第四步：提升品质，构建企业微博品牌

提升微博的品质要从内容上做文章。每日做好微博更新，并不断发起微博话题，与粉丝进行不断的互动，提升人气。切不可无病呻吟，搞一些不痛不痒的微博主题，这样既起不到提升人气的作用，也不可能真正形成微博的品牌个性。企业微博可借鉴已成功吸纳人气的微博话题，加以改进变成自己的微博话题，还可以汇聚当下最流行、最热门的时事发起话题，这样都可以得到较高的聚拢人气效果。

在开展微博营销的时候，注意反应速度一定要快。如果网友在微博上与企业主动互动，而企业的微博管理员却无动于衷，网友就会对企业微博形成一种不好的印象，也就不愿意与企业微博再进行互动。这不仅无益于企业微博品牌的建立，相反，还会对企业的形象造成不良的影响。尤其是当网友对企业产生质疑或进行投诉的时候，企业微博的及时反应是赢得时间，赢得信赖，最终化解危机最为有效的手段。

微博营销的价值更多地体现在口碑传播。口碑传播是一种信任度较高、成本较低的传播方式，也是非常成功的信息传播方式。微博，通过互粉的方式让彼此成为"熟人"，企业通过关键词搜索锁定目标受众，进行信息的直接传播；而个人通过关注目标微博，快速了解到自己想要了解的信息，通过互动了解，增强了粉丝对目标企业的了解，从而促进生意的达成。然后粉丝通过"转发"分享的方式，让更多的人了解企业和产品。企业品牌及产品就以这样的模式不断地被宣传，从而达到不断提升品牌的目的。

微博的口碑传播路径基本上是符合互联网下 AISAS 消费者行为模式的。首先引起用户的关注（attention），其次是产生兴趣（interest），接着是用户对相关信息的网络搜索（search），最后根据用户的判断产生购买的行为（action）。网络用户选择和购买之后，还会产生一个行为，那就是购买之后用户一般会与好友分享（share）。网络购买与传统购买的方式有着一定的区别：一般的购买行为遵循 AIDMA 模式，微博上用户可以通过社交关系从 AISAS 中任意一个环节切入，此时，用户购买的循环周期更短，形成的扩散更快，时效性更强；而微博恰恰具有较强的分享功能，此时，微博就会成为用户最为有效的口碑传播平台。与传统的消费者购买行为相比较，"分享"成为消费者最为重要的行为之一。

互联网消费模式与一般消费模式的对比

对企业而言，一旦摸清了微博口碑的传播规律，就可以在营销中加以应用，并且凭借用户的口碑效应，引爆营销活动的最佳效果。这样不仅拉近了用户与企业的距离，而且可以深化企业的活动，做好宣传和推广，获得良好的社会效应。有不少新用户正是看到好友的获奖信息才产生了注册的想法和购买行为。

结合 AISAS 行为模式，如果通过好友的分享（share）就能让粉丝达成购买行为（action），那么这就是企业最希望看到的营销效果了。而微博营销则为这类营销行为带来了可能。这说明基于"社会关系"的微博营销具有更加精准的营销定位，这正是微博营销的一大优势和特点。

目前，在微博上还有一类"微博"，运营得比较成功，那就是基于企业领袖的"领袖营销"——借助企业领袖个人在微博上的影响力，逐步提升其企业品牌知名度和网民认可度。SOHO 中国董事长潘石屹作为最早开通微博的房地产商，在微博上可谓创造了很多个"第一"。潘石屹的微博话题内容广泛，对于公共事件关注度高，和微博名人及各行业领袖的互动也十分频繁，在微博平台具有非常大的影响力。那么潘石屹是如何做到的呢？

经常使用疑问句式，引发粉丝讨论

在潘石屹的微博中，他用得最多的句式就是疑问句。使用疑问句通常可以把思考的空间留给粉丝，激发粉丝的转发和讨论。同时，他在转发一些敏感话题时，通过使用疑问句，可以让自己置身话题之外，远离话题漩涡，有效避免了敏感信息缠身。

通过调侃名人朋友，引发粉丝观望

在相声表演中，有人扮演逗哏，有人扮演捧哏，相互之间你来我往，以吸引观众的兴致。在微博上，潘石屹把这招用得炉火纯青，逗得最多的对象就是在微博上同样一呼百应的任志强。只要潘石屹调侃了任志强，任志强一定会回应，而其他名人好友也会兴致勃勃地加入其中，来来往往、嬉笑怒骂之间就把粉丝们的注意力全吸引了过来。

经常用图片的方式晒生活

在潘石屹的微博上，很少有不带图片的微博。有时候，他拍一张照片，加上一句话，就是一条微博。有时候，他会把白天拍的图片，晚上集中发出来。图片让他的微博很生动，让网友感觉离他的生活更近。为了吸引粉丝的注意，潘石屹还坚持发布北京的空气质量监控信息，这种对环保的关注，让粉丝增加了对潘石屹微博的一份好感。

多账号运营进行互动

多个账号相互运营，是潘石屹成功玩转微博的一个重要的手法。潘石屹除了 @潘石屹的个人账号、还有潘石屹夫人 @张欣的账号，还有 @SOHO 中国的账号，潘石屹还推出一个 @潘石屹文摘的账号，将自己在微博上的经典语录进行再次挖掘利用。通过多账号运营，把个人生活和工作分开，并将自己的个人影响力转变成对企业账号的关注，循序渐进地将粉丝转化成自己的客户。

放下身段，敢于自嘲和自我娱乐

潘石屹在乔布斯去世后的言论，曾经掀起过轩然大波。但是，潘石屹却能从"潘币"风波中全身而退，转而利用"潘币"成功地做了一次危机营销，最重要的是他能放下身段，有自嘲和娱乐精神。这让潘石屹的平民形象获得了众多网友的追捧。

项目推广软植入

潘石屹很少在自己的微博上直接推广自己楼盘，这样会引发网友反感。潘石屹非常聪明地将项目推广软性植入到微博中，隔三差五地提及项目的名称，信手拈来地晒项目照片。这些微博在无形中已经在为项目做推广了。他还会把项目的一些进展情况告诉粉丝，借此推广公司的项目。

经常回馈粉丝，让粉丝感到被名人关注的价值

在潘石屹的微博上，无论粉丝是在微访谈中参与提问，还是在潘石屹参加其他社会活动中参与进来的一般粉丝，潘石屹都会回馈一份小礼物。潘石屹把馈赠礼物的过程也当成一次传播和营销，这也极大地调动了微博粉丝的积极性。作为微博上的名人，利用些许的小礼物可以极大地激发粉丝的热情。

勇于尝试新传播手段

在微博上，潘石屹是属于勇敢地走在前面的人，无论是微访谈、微电影，还是房地产电商，潘石屹总是敢于走在最前面。不管新的推广手段成功与否，尝试本身就能吸引眼球和网友的关注。在新媒体到来之际，谁能够敢为人先，谁就走在了别人的前面。现在，潘石屹似乎已经不是一个房地产企业的老板，更像是一个娱乐明星，因为他在微博上的影响力和号召力一点不亚于任何一位一线明星。

早在 2012 年有很多企业都开始尝试通过微博的方式来进行营销活动，一些积极参与并且精心设计的企业在微博营销上都取得了意想不到的成功。小米手机通过微博营销，成功地实现了产品的上市和品牌的推广。在小米公司的小米 2 手机上市过程中，小米公司成功地实现了一次微博营销。首先小米手机与新浪微博高调宣布，将于 2012

年12月21日开启新浪微博小米手机2专场销售，但此次活动仅限于新浪微博预约用户参与。所有的预约、抢购、付款环节均在新浪微博平台完成，而小米网负责发货及售后。12月21日12时整，5万台16GB版价值1999元的小米手机2在微博上正式开卖。小米的预约抢号活动每次都非常火爆，网友在12月21日12点之前截的图片显示，已经有超过230万用户转发了预约微博，这不仅彰显了微博巨大的号召力，也显示了微博良好的营销价值。

快书包网推出全新的"一小时到货"服务，以媲美大型网店的优惠价格，为消费者提供精挑细选的热门商品和完全创新的"限时送"、"定时送"配送服务。"限时送"突破电子商务配送速度极限，一小时到货，而"快书包"的微博营销则通过"快书包"15分钟回应赢得口碑。"快书包"成立一个月便开始进军微博。作为家底微薄的小公司，"快书包"最开始谋求的是一个不花钱的推广方式。开心、人人、豆瓣、BBS都试过了，最后发现效果最好的还是在微博上。老板徐智明很是雷厉风行，先是要求营销部门把微博当成第一重点来做，后来索性亲自上阵，直到今天，"快书包"在新浪的微博运营仍由徐智明直接指挥。因为绝对保证一小时送达，独特的蓝色小花布包装成为街头的一道亮丽风景，"快书包"在微博上引发了大量评论和转发，短期内就赢得了广大客户的良好口碑。

2012年京东商城的老板刘强东在微博上发起的价格战，可谓是一次成功的微博营销。2012年8月14日，刘强东在微博上称："今天，我再次做出一个决定：京东大家电3年内零毛利！如果3年内，任何采销人员在大家电加上哪怕一元的毛利，都将立即遭到辞退！从今天起，京东所有大家电保证比国美、苏宁连锁店便宜至少10%以上，公司很快公布实施方法！"消息一经公布便在社会上掀起轩然大波。随即，刘强东又在微博上公布了具体的执行细则：即日起，京东在全国招收5000名价格情报员，苏宁、国美每家店面派驻2名。任何客户到苏宁、国美购买大家电时，拿出手机用京东客户端比价，如果便宜不足10%，价格情报员现场核查属实，京东立即降价或者现场发券，以确保兑现细则承诺。根据京东商城的定义，大家电所指的范围是空调、平板电视、冰箱、洗衣机、家庭影院、DVD、迷你音响等家电产品。国内线上和线下的家电销售企业纷纷予以回应，一场价格大战顿时硝烟四起。8月15日，与此同时关于价格的拉锯战也在微博上如火如荼地展开了。指责京东商城刘强东发起价格战的商家和支持其低价销售产品的一般消费者在网上展开了激烈的对决。而到了8月16日，京东商城却突然宣布不再大规模开展价格战。京东商城这场轰轰烈烈的微博营销战术，直接影响到苏宁电器原计划准备开展的"E18促销"活动，消费者的关注度明显下降。有人说"这是一场新媒体营销对传统媒体营销的胜利"。一则小小微博引发的电商价格战，让微博营销的价值瞬间浮出水面。在微博等社会化媒体兴起之后，传统媒体受到了巨大的冲击和挑战。在微博营销的时代，并不一定是哪家企业有实力，哪家企业就一定能够在媒体的竞争中获胜。

第二节　都有谁正在玩微信

在微信快速传播和发展的背后，都有哪些人在玩微信呢？微信作为一种时尚的社交软件和即时通讯工具，似乎总会给人一种年轻人才喜欢玩的感觉。其实，当下喜欢微信的不仅仅有年轻人，甚至还有很多老年人，因为，他们觉得微信用起来简单，比起在手机里面打字要简单得多，这样与子女联络起来就非常的方便。还有很多国外的朋友也希望用微信，这种即时的通讯功能，让用户不需要支付高额国际电话费就可以实现很好的交流。当然，微信作为一个有效的即时通讯工具，不仅只局限于用户间简单的语音交流。现在越来越多的企业、名人、媒体和草根都开始使用微信。越来越多的人坚信，微信所带来的价值绝非语音通讯这么简单。

2013年1月9日，一则《北京晨报》开通微信的新闻在各大媒体上广泛传播。"各位晨报读者、粉丝们，《北京晨报》官方微信已经上线，手机加微信号码bjcb96101，咱们就可以聊天了。或者您拿手机扫描二维码加我吧。对了，您提供的新闻线索一旦见报可是有奖品的哦。"作为一家平面媒体报纸，开通了微信新闻可谓是一次大胆的尝试，它的意义在于勇敢地迈出了微信营销的第一步。《北京晨报》是京城每天上市最早的报纸，也是北京市场上唯一获准流动销售的报纸。据《北京晨报》官方数据显示，其日发行量34万份左右，最高发行量突破50万，传阅率为4.6人/份，每天约有600万人阅读该报，在北京地区的人口覆盖规模已达30%。就是这样一份报纸，竟然也采取了开通微信来实现信息更快速传播、传播范围更广泛以达到影响力更大的目的，极大地说明了微信作为信息平台的可行性。

《人民日报》2013年1月14日用整版篇幅，探讨了对于新媒体该如何看待与利用的问题。文章中对移动社交类媒体的形式，进行了探讨和展望。继微博公众账号之后，《人民日报》也对微信公众账号的重要性，表达了深层次的认识。新传播方式与传播理念对政务信息发布将是又一次革命。政务微信可以发布包括各类预警信息在内的各种服务信息，它可以替代手机短信，大大节约成本，特别是发生重大自然灾害时，将会有更广泛的应用。在新的一年中，微信也将成为政务信息发布的重要平台。《人民日报》聚焦新媒体，微信或成政务新平台，新媒体已成为大众获取信息、交流观点的重要渠道之一。传统媒体向新媒体进军也是大势所趋。在新媒体力量的推动下，政务信息的发布渠道越来越多元化，微博、微信皆是"微言大义"，成为广大网民获取信息的重要途径与方式。微信将联合微博平台在信息的发布中实时、主动地进行传播，这些信息必将比其他传统渠道更快速、更有个性，获得公众与网络舆论的认可度也会更高。2013 年春节期间，很多内地朋友在香港旅游的时候，就发现香港政府也在用微信办公。

现在是微信的公众平台和公众账号二维码的时代，它能让每家企业以拟人化的形式，通过手机端和粉丝互动、群发信息、图片甚至语音等进行全方位的沟通。在这方面，旅游企业的营销可谓走在了前面。旅游企业通过植入微信营销的方式，加强了消费者的感知体验。而国内的一些连锁酒店、航空公司等也都纷纷开始利用微信的特性，进行本地营销推广，用微信提供移动式实时客服平台：包括预订、景点门票打折等多种服务。

我们从微信客户端官方账号搜寻功能可以发现，在线旅游网站包括同程网、艺龙网都已经在微信开通了平台，同程网的官方公众账号除了可以预订之外，还开通了全国景点团购的公众账号，提供 8000 家景点门票的团购；廉价航空的代表——亚洲航空的微信则以发送促销信息为主，提前告知用户促销信息，每周大概发送 2 ～ 3 次到其关注的手机客户端；上海旅游局也在 2013 年年初，推出了名为"上海会奖旅游"的微信，定期发布上海旅游市场动态及热点旅游信息，开展一系列在线和线下活动。

平价连锁酒店——布丁酒店，之所以在微信上取得不错的营销成果，主要是由于微信通过"附近的人"这一功能，推荐用户所处地理位置附近的酒店，并将用户引导到布丁酒店的公众账号，申请会员卡或进行预订等服务。其微信营销的价值很好地显现了出来。据《企业家日报》2013 年 1 月 11 日报道，截至 2013 年 1 月 3 日，布丁酒店的微信客户端会员总数已超过 25 万，日均增长会员数逾 4600 人，平均每天为布丁酒店带来 169 个订单。当使用者关注酒店的同时，不仅仅是获得一张会员卡，实际上更是收藏了酒店的订房方式，未来只要使用者有订房需求，可直接打开微信布丁酒店账号进行订房操作，对有使用微信习惯的用户，带来了极大的便利。

此外，部分国际品牌旗下的个体酒店，也已开设各自的官方账号。朗廷集团中国区公关经理孙焱称：该集团电子商务部早已关注到微信这一极富活力的新生事物，集团今年已在大中华区的所有酒店全面尝试微信营销，包括朗廷、朗豪、逸东华等品牌旗下单体酒店，都有自己的二维码图片及微信号，并在酒店电梯、大堂、客房等区域布置了图片及宣传展板，客人只要拿起手机扫描二维码就可关注酒店。客人关注酒店的微信之后，酒店就可以不花一分钱将酒店的餐饮、住宿等各方面优惠信息，直接传送给潜在消费者。

当然，使用微信营销的不仅仅只有旅游企业。现在越来越多的企业开始尝试使用微信来进行推广和营销。微信的 LBS 功能和即时通讯功能，让微信营销的价值完全释放出来。"车托帮"是北京一家致力于开发智能交通技术的高科技公司，微信账号 weixinlukuang。用户想要了解路况，只需发送道路名，"微信路况"即通过图文方式将用户周围的路况信息反馈给用户。同样，如果用户想查询某条道路的交通情况，直接输入道路名称即可获得所需信息。不过，目前产品服务还比较简单，仅实现了"在哪儿"的问题，下一步计划实现"去哪儿"或者"怎么去"的问题，为用户提供出行的路况信息及路线规划。此外，公司还计划提供基于地理位置的社交功能。"车托帮"提供的信息是与路况信息的整合，有针对性地满足了用户及时了解路况信息的需求。

还有一家公司名叫外卖网络，微信账号 waimainet。用户在微信中添加为好友并发送当前位置后，外卖网络会给你发送周边一公里的外卖单，每次显示 15 家左右的商家信息，包括商家编号、名称、距离。如有需要，回复商家编号，它就会自动发回商家的联系电话和所有菜品信息。迄今为止，外卖网能够为用户提供 1 万多家从小饭馆到高级餐厅的商家信息，目前已开通北京、上海、广州、深圳、南京等城市。现在，他们同时还在经营一家专门的外卖信息查询网站——"外卖网"。外卖网络是基于 LBS 的即时信息服务，通过对用户当下所在地理位置进行定位，为用户提供对应的信息服务。

微信推出的初衷，仅限于方便个人与个人之间的联系，而现在大家开始发现手机用户使用微信不再局限于朋友之间的交流对话，还可以查找其他更多的专业信息账号，关注更多有价值的微信公众平台。而精通于营销的用户，则在微信的使用中发现了无限商机。微信不同于微博，商家和使用者之间的对话是私密的，不需要公之于众，所以彼此之间亲密度更高。可以将满足消费者需求和个性化的内容，推送到各个潜在关注的使用者手中。使用者也可以一对一地与其互动。微信公众平台信息的到达率为100%，还可实现用户分组、地域控制在内的精准消息推送。反观2012年热议的微博营销，其广告信息很容易被淹没在微博的滚动动态中，除非刷屏发广告或者消费者刷屏看微博，否则无法保证消费者可以实时看到信息。当然，这里还有一个最大的前提，那就是用户必须关注你的微博，否则即使你发布了广告，粉丝也是看不到的。

微信产品推出至今已逾两年，其营销的潜力和价值正在被越来越多的企业和微信研究者所挖掘。依附于智能手机和移动互联特性的微信，在社交与O2O方面都展现出了极大的前景，甚至可以说重新演绎了QQ占领 PC 用户市场的辉煌。公共平台的开放为企业微信营销提供了一个基础平台，而开放平台则为企业实现微信营销的价值提升，创造了一个更为有利的上升通道。

智能手机作为移动互联网的载体，现在变得越来越普及，而伴随着其"性价比"的不断提高，它已经成为普通人的一般消费。据《中关村在线》2012年12月15日报道，创新工场 CEO 李开复预测：到2013年，我国智能手机的用户可达到5亿。这对于微信营销，无疑是一个巨大的利好消息。当然，智能手机带动的不仅仅是微信的发展，它带动的将是一个产业的变革。以微信为代表的移动社交网络正在迅速崛起，一个以社交媒体为核心的社交网络正在迅速形成，一个基于微信营销为核心的营销革命已经拉开序幕。

第三节　微博：品牌的扩音器

微博在网络上的号召力毋庸置疑，仅凭 140 字，就可以让这个世界天翻地覆。微博的崛起，又兴起了一个新的人群，那就是"微博控"。这些人无论身在何处，只要有时间且不受客观条件的限制，就立刻开始刷微博、发微博。而随着微博人数的急剧增加，恐怕全民微博的时代也离我们越来越近了。时至今日，那些追求新潮时尚的人们，如果自己还没有微博账号的话，都不好意思跟人说会上网了。

微博里面精彩纷呈，充斥着从花边新闻到励志故事、从名人语录到草根创业、从天气预报到 PM2.5 预测的林林总总。甚至在微博上流传着这样一个故事：有人在上厕所的时候忘了带厕纸，为难之际，想到了发微博求助，结果还真有人从外面伸手送纸进来。似乎人们无论有什么样的困难，只要发微博就可以妥善解决。微博一时成为无所不能的"神器"。

2012 年 12 月 19 日，新浪微博发布 2012 年度微博盘点，推出"2012 年度微博热门话题"、"2012 年度微博红人"、"2012 年度微博名人"三大系列。其中，"2012 伦敦奥运会"、"延参法师"、"鸟叔 PSY"位居各系列首位，三大系列盘点微博总提及量超过 22 亿次。其强大的影响力人尽皆知。纵观三大系列盘点，可以发现拥有超过 4.23 亿用户的新浪微博，早已成为中国网民的舆论风向标。微博的热门话题涵盖公益、体育、娱乐等年度大事件；每天在微博上总有新的话题成为众多博友讨论的热点。很多微博红人凭借微博平台的影响力，成为家喻户晓的人物；而微博名人的影响力呈现持续强劲的增长，这都诠释了微博榜样的力量。

其中 2012 年微博热门话题涵盖年度大事件。"2012 伦敦奥运会"以近 4 亿提及量位列第一微博热门话题。在 Top30 话题中，更是网罗了"2012 伦敦奥运会"、"屌丝"、"江南 style"、"钓鱼岛是中国的"、"××很忙"、"中国好声音"、"神九升空"、"微博政务"、"北京暴雨"等关键词，这些关键词几乎可以构成 2012 年全年社会的焦点事件。

作为史上第一届被社交媒体直播的"社交奥运"，"2012 伦敦奥运会"也在中国最具影响力的社交媒体平台获得极大的关注，以近 4 亿提及量位居新浪微博年度热门话题首位。奥运会期间中国代表团的拼搏和努力，屡屡成为新浪微博网友最热议的话题。据统计，孙杨的夺冠微博瞬间被超过 35 万粉丝转发；小将叶诗文被质疑服用兴奋剂，百万微博网友力挺叶诗文；刘翔赛场上的意外摔倒甚至导致微博宕机；陈一冰错失金牌，却收获了四亿微博网友心目中的金牌。这些都成为首届微博奥运的经典片段。

此外，"屌丝"、"江南 style"分别以超过 1.5 亿、1 亿的微博提及量位列二、三位。"无苦逼，不屌丝，无屌丝，不欢乐"、"做自己的屌丝，让高帅富们忧桑去吧"，屌丝的段子不断通过新浪微博平台发酵升温；"鸟叔"则以一曲《江南 style》横空出世，在新浪微博上掀起一轮又一轮的模仿狂潮，各种版本的"骑马舞"在微博上不断涌现，激发起网民的民间智慧和娱乐精神。

与此同时，微博也成为众多企业进行品牌营销不可缺少的手段之一。在新浪微博中搜索海尔，"大 V"不下于 50 个，包括海尔集团、海尔空调、海尔冰箱、海尔洗衣机、海尔电脑等海尔各个产品的官方微博，还有海尔各个驻外分公司的官方微博。格力、美的、TCL、海信等家电企业也基本如此。与此同时，李东生、李兴浩、王金亮、孙为民等家电行业大佬也都活跃在微博上。如果在新浪微博上搜索"圣象地板"，则会出现圣象地板、圣象官方等微博。微博内容虽然限定为 140 字，但正因为这一限制，将平民与莎士比亚放在了同一起跑线上，无需文采，不要长篇大论，有话即说；而且随着智能手机的普及，通过移动互联网，无论何时何地都能即时发布信息，每个人都是信息的传播者，传播速度远远超过了传统纸媒和网络媒体。全民都有麦克风的时代已经来临。于是，形式各异的企业微博呈现在我们面前，企业最新动向、产品发布、公益活动、企业文化等企业由内到外的信息扑面而来，也有生活感悟、文化体验、另类漫画等轻松休闲的内容。总之，在粉丝刷新微博时总有新信息出现，通过不间断的微博更新增加曝光度。

著名产业经济评论家洪仕斌在一次微访谈中将家电企业的微博分为官方微博、企业领袖微博、客服微博、产品微博、市场微博等五大类，分别对应微媒体、微传播、微服务、微公关、微营销等作用。家电企业官方微博已经成为企业信息传播的重要窗口，由于其信息发布的快捷，新闻的及时性已经超过传统媒体。在活动会议进行过程中，就有简单的图文信息发出，甚至在传统媒体尚在码字的时候，官方微博上已经通过多条微博将活动各方面的信息发布出来。以前不久在拉斯维加斯举办的美国 CES 消费电子展为例，我们身处国内无法亲临现场，而传统媒体碍于信息传输的时间和地域限制，无法及时报道，海尔、TCL、海信等家电企业的官方微博就成为了我们第一时间了解展会信息的主要渠道。

2012 年 12 月 21 日，人民网发表文章，依据粉丝量和微博影响力，筛选出了粉丝在 400 万以上的 15 个企业家微博。观察数据显示，这些企业家发微博有一个显著的特点，就是勤奋。在统计的 15 位企业家微博当中，@但斌发博最勤奋，凌晨左右依然可以在微博上看见 @但斌的身影，而且在登陆南极岛时，他也不忘用微博直播整个登岛过程和路途中的见闻感触。这些企业家微博当中，有一半以上喜欢在上午发博，其中 @潘石屹和 @李开复常在 5 点至 7 点刷微博，风格活泼幽默。@

李开复经常卖萌，原创或转发的段子常常让人忍俊不禁，捧腹大笑，而@潘石屹绝对是称职的空气监控者，每天坚持发布空气质量截图。@任志强刷博则稍微晚一点，喜欢7点至9点发微博，而且他的微博互动频率较高。此外习惯上午更新的微博还包括@洪晃ilook@周鸿祎@爱国者冯军等。这些企业家的微博一方面成为众多网民关注的焦点，另一方面也成为传播企业家所在企业品牌的扩音器。

微博对于传播品牌有着其他媒体无法比拟的作用。但同时，微博也考验着每一家企业面对危机的处理能力。微博上一个@就能让你直接向平时接触不到的人反映情况，尤其是投诉。相比于以往一层层反映，电话一个接一个，微博简直就是"无缝对接"。消费者陈女士，在苏宁易购上购买节能惠民产品时选择了一键购买，成交后问题出现了，发票没有购买人姓名，无法领取补贴。陈女士在微博上@苏宁易购售后服务人员以及相关领导，立即得到回复，承诺在8个工作日内解决。客服微博在与客户互动交流，已经是企业的电话客服、面对面客服之外另一种重要的客服形式。这种带有媒体性质的投诉力度，要远远大于传统的投诉渠道，任何企业都不敢怠慢微博上的客户投诉。作为企业，谁都无法保证，客户的一则投诉是否会演变成为一场客户讨伐企业的大战役。

越来越多的企业表示将高度重视网友在微博上的投诉，企业微博上对负面信息的检测、处理也被企业重视起来。企业无非希望通过微博树立企业积极正面的形象，也希望通过对微博的及时监控，防止出现负面信息，并及时通过微博进行正面引导。

微博因为传播快捷、广泛的特点，众多企业纷纷试水微博营销，以期通过微博营销实现品牌价值的提升，现在越来越多的企业已经对微博内容、管理等方面形成了自己的一套规范，并有专人或者专业的微博公关管理机构对其进行管理。

第四节　微信：营销的发动机

如果说微博是品牌的扩音器，那么微信就是营销的发动机。

微博的功能和定位决定了微博在信息传播上具有明显的优势。但是，就微信的定位和产品功能来说，它更具有显著的营销推动功能。

企业早期通过传统媒体做营销，效果根本没法检测，更多的都是凭借感觉进行的。企业在推广产品的时候，总是试图通过市场细分的方式来实现。但是，现实告诉企业，在复杂的市场面前，如果没有精准的营销推广工具，那么市场细分和针对性的市场推广就只能是一纸空谈。在互联网营销出现以后，似乎可以进行相关的数据分析，但是却看不到互动信息，消费者对品牌的喜好和建议更无从了解。当SNS（社交网站）和微博出现的时候，品牌商们趋之若鹜，纷纷开设微博账号，设立品牌主页，希望在那里能够和用户建立关系。而建立关系的最终目的还是推送信息，让自己的信息能够不断地被在线用户看到。但是这种居高临下的信息传播方式，由于缺乏必要的互动，所以一段时间后，粉丝们便失去了耐心，也不愿意被更多的商业化信息所打扰，选择回避成为粉丝们最后的选择。这种基于广泛性的信息传播和缺乏互动的传播，还是停留在信息传递的媒体形态上，社会化媒体的发展和自媒体的出现，促动了一个新的媒体形式的出现。

当既能"精准"，又能"互动"的微信出现后，一切营销思维似乎被人为地改变了。微信的个人账号就有较强的个人属性，其好友和粉丝被赋予较强的"关系"符号。公共平台在这个基础上，对用户进行了更为细致和严格的管理。虽然目前开放平台更多的体现在APP的开发和运营上，但是基于微信用户信息的点对点推广已经成为开放平台的必然选择。对于企业公众号，在微信上拥有更多的信息传播方式。现有的传播方式主要有漂流瓶、摇一摇、位置签名、二维码、开放平台、公众平台、语音信息、图文信息等几种方式。这些方式都有一个共同点，那就是特别适合"推送信息"。相比微博和企业的官方网站，微信的互动性显然是最好的。对于用户来说，信息的一对一推送，有专属管家的感觉；信息的 100% 送达，更像是一对一的信息派发，更为及时有效的信息传播途径，让信息最及时抵达用户，为用户做决策提供最为有效的依据。结合地理位置和用户喜好的信息传递方式，让用户体验到更为便利的感觉。而这一切的服务，都是以用户为中心的。

微信以一对一的信息传递开始，以用户的购买为桥梁，以消费者的转介绍为目标，以提升用户的体验为宗旨。这个传递的过程构成了微信营销的价值链条。在这个过程中，微信发挥了自始至终的作用。从传播信息到针对性的推荐，到提升用户的价值体验，微信的价值毋庸置疑。

在微信开通网上 O2O 的信息交互平台之后，突破技术壁垒实现微信的支付功能，为微信的营销发展又打开了另外一扇大门。在微信的公共平台和开放平台上，我们可以看到越来越多的企业开始关注微信的二次开发价值，通过与企业营销工具的结合，让消费者可以通过微信的开放平台实现产品的购买过程。

微信作为营销的发动机，微信究竟能够对营销有多大的推动作用，下面有几个具体的微信营销案例。

1. 微信会员卡

微信号：qqlcard

亮点：商家会员卡一站式平台

当微信和 O2O 之间的话题已经不再陌生时，可能还有很多人不知道在哪儿可以看到微信上的线下商家。目前最简单的方法即关注微信会员卡。在该账号的详细资料中，点击"去领我的会员卡"就可以知道自己所在城市中究竟有哪些商家已经开通了微信会员卡功能。关注商家后就能领取会员卡，并使用各家会员卡里面的优惠项目。这是企业获得会员关注最为有效和直接的方法，微信用户只需根据自己的喜好选择商家即可。

2. 逛

微信号：Guang

亮点：个性化自定义回复

这个微信账号的最大特点，是能够根据用户的喜好有针对性地推荐商品。比如，你向该账号发送"牛仔裤"，那么账号会快速回复并推荐和"裤子"相关的商品信息。同样，你还可以发送"茶杯"、"玩具"、"护手霜"等，都能获得相关的产品推荐。据了解，如果网站拥有自己的服务器与后台编程能力，那么目前都可以尝试将公众账号和自己网站的CRM系统进行对接。

3.QQ 网购充值中心

微信号：chong 2012

亮点：微信支付

想在微信中体验支付功能，你可以尝试一下 QQ 网购充值中心。点击该账号提供的充值链接或者在账号详细资料中点击"充话费、网游、Q币"，就能进入支付页面。在这里，你可以充手机话费、Q币，也可以为各网游账号充值。当然，前提是你拥有 QQ 网购的账号。支付与用户需求的直接对接，让用户使用微信已经不仅仅是只看不买。在这个应用中可以直接实现线上的购买和支付。

4. 艺龙旅行网

微信号：elongguanfang

亮点：旅游专题

艺龙旅行网的微信账号可以实现查景点、寻攻略、查天气、订酒店和查询列车时刻的功能。可以提供全球 30000 个景点的简介。同时开通了 40 多个目的地的攻略查询。用户只需要回复相关地名，就可以调出之前的攻略内容，比如回复三亚，就可以收到该账号为你推荐的三亚旅游小贴士。

5.NBA

微信号：nba big

亮点：NBA 信息分类推荐

作为一个主打 NBA 相关信息推荐的媒体账号，NBA 对体育信息的挖掘不仅仅局限于每天的信息播报。通过设置更丰富的自定义回复，用户可以获得更多元的内容。内容设置非常丰富，其中包括：当日热点、电视预告及转播时间、当日比分、每日数据之最、球员介绍、球队介绍、球队排名等信息。这对于喜欢 NBA 的球迷来说，绝对是一个非常好的信息宝库。

6. 名车志 Daily

微信号：CAD–Daily

亮点：汽车信息分类推荐

以推荐汽车行业内相关信息的名车志 Daily，在微信账号的探索上也对自定义回复做了更多的优化。用户关注该微信之后，回复 900，便进入沟通阶段。比如回复 02 可以获得每日精选，回复 03 可以获得精选图集，回复 04 可以获得汽车视频。

7. 索尼音乐娱乐

微信号：sonymusic china

亮点：免费点歌

索尼音乐每天会推荐一位歌手的专辑、单曲或者 MV，在歌曲播放页，用户可以将这首歌发送给自己的微信好友或者朋友圈。目前其互动性功能设置稍差，相信随着对微信营销的不断开发，其互动性会越来越好。

8. 应用宝

微信号：yingyongbao

亮点：应用搜索

用户在关注应用宝账户之后，向应用宝账号发送你想要获得的应用名，就可以获取该应用的下载地址链接。比如发送"微信"，应用宝就会发送一个下载微信应用程序的链接。用户可以根据自己的喜好进行下载和安装，功能非常方便。

以上介绍的都是一些企业开展微信营销的具体案例。对于企业而言，越早进入微信的营销平台，就越早占据营销的先机。微信营销对企业的价值绝对不是一次交易，微信营销给企业带来的将是丰富的消费者体验、消费者的持续关注以及良好的客户黏度。同时，用户分享也会为企业带来更多的成交机会。这些都是从其他营销平台无法获得的营销优势。相信微信在企业营销方面的价值贡献，将随着企业对微信营销的熟练应用，发挥越来越积极的作用。

当然，微信营销绝非只是企业注册微信，并推送微信信息那么简单。微信最大的价值在与使用者之间的互动上，频繁的信息推送只会降低消费者对企业官方微信的好感，从而导致微信粉丝的离去。对于微信的推广是多元化渠道的，要利用一切可以利用的媒体资源，让更多的消费者关注企业的官方微信，并产生有价值的互动，这样才会真正发挥微信的商业价值。

第五节　如何实现微信营销与其他网络营销的融合

我们经常会拿微信和微博的营销价值进行比较，来分析和讨论哪一个更加具有营销效果。其实，对于营销来说没有绝对的优劣，只有巧妙的结合。微博营销的价值在于"快"和"广"，而微信营销的价值在于"精"和"准"。如果两者能够巧妙地结合，那么微信营销和微博营销将发挥更为巨大的作用。

某知名 IT 评论人抱怨：收到的企业品牌微信公众号消息，不是发促销信息的，就是发新品推荐的，用微信加了品牌为好友，被贴上了"推送信息""被骚扰"和"没什么用"。而如果同样的情形出现在微博的时候，用户的体验可能会有另外的结果。同样的行为，对于企业和营销机构却普遍认为，这正是微信营销的优势所在。微信营销很有效，能够让用户主动关注，并且能够"很精准"地推送信息，信息到达率100%。这是任何其他营销工具很难实现的目标。

一种成功的营销方式，一定要让品牌商和消费者都开心，都乐于从中获益。而目前的微信营销方式，似乎还达不到这个标准。消费者喜欢的是微信公共平台较强的互动性，而企业大多则通过公共平台推送给消费者产品信息。很多企业已经在微博营销中找到了感觉，也习惯于将微博营销的方法移植到微信营销中。结果发现，微博营销中成功的方法在微信中未必能够得到很好的效果。例如，在微博营销中，有一种常见的营销方式，就是有很多草根大号在微博中占据一席之地。而这些微博大号，在微信中却很难获得更好的发展机会。专门从事营销的微博大号"冷笑话精选"虽然在微信已经获得认证，但是目前其微信营销仍无法开展，微信目前每天只能发送1条信息的限制，让这些草根大号基本上就是停留在自我维持的阶段。当然，草根大号在微博的日子也不是很好过。2013年1月15日晚18～21时左右，在新浪微博上有广泛人气、粉丝数量均达千万的草根大V"@冷笑话精选"和"@微博搞笑排行榜"等，一度搜索结果显示"用户不存在"，以致有网友怀疑这些账号已被注销。21时后，上述账号陆续开始更新。虽然，账号没有完全被封，但是由于这些草根大号正在侵蚀着微博的广告利润，所以新浪方面也希望通过此举来表明一个态度。不过这也不是一个万全的方法，对于微博来说，需要的是人气，当然更加需要吸引人气的大V，如果这些大V都没有生存之地，相信整体人气也会受到影响。

作为企业来说，研究和利用微博及微信平台的规则，更好地为营销服务自然无可厚非。其中更重要的是企业如何合理掌握微博和微信的运营规则。企业应合理配置微博和微信的资源，让两者的营销价值发挥最大的作用，真正实现两者营销价值的最优化组合。

利用微博的广泛性平台，做好品牌推广

作为企业来说，要合理利用微博广泛传播的价值，以微博为企业品牌构建的平台，打造良好的品牌形象，通过微博传播速度快、传播范围广的特点，让更多的受众能够了解企业的价值。在微博营销中，微博是以中心化为主线，主推名人和大号，用户关注的维度只有两个：一是博主，二是内容。对于博主的关注要重于对内容的关注。有的时候，微博上的用户显得非常不成熟。举例来说，某明星说今天晚上吃了烤白薯，很好吃、好开心，结果该微博的评论、转发就可以达到几千条甚至更多。而某行业研究专家总结的行业发展规律，内容专业且有高度，却不一定能够得到网友的响应，有的时候转发不足 2 条，甚至没有转发。微博营销在某些时候呈现的是仰视文化，越是让粉丝仰视的博主，越能获得好的传播效果。基于这一点，企业在微博营销中，就要更加注重与大 V的互动，制造更多的传播机会。

利用微信的精准和互动平台，做好客户关系维护

做好微信营销不代表着一定要彻底抛弃微博营销，两者的有机结合是最好的结果。利用微信的"精准"，又能"互动"的特点，建立起稳固的客户资源群体。从深挖客户价值的角度去开展好营销。在实际传播中，企业还要注意：消费者认为"精准"是"我需要的时候你给我"，而不是"我关注了你你就可以给我"；消费者认为"互动"是"我有需求你给我反馈"，而不是"表面式的机械互动"。能够做好以上两点，就能够很好地解决微信"扰民"的问题。作为消费者来说，希望的是在他们需要你的时候，你才出现，而不是你总要出现在他的面前。还有就是

要做好微信营销的互动，企业只要开展了微信营销，最好配备专人进行微信营销的管理。试想如果一位客户想要问企业一个问题，结果企业3天、5天甚至半个月都不回答。那么对于这位客户来说，其体验价值会降到最低。在此情况下，如果企业没有微信倒不一定是一个坏的选择。

微信营销不应该以简单的信息推送为主，而要做到与粉丝互动和精准推送。否则只会让更多的用户取消对品牌微信号的关注。企业要推送信息，而消费者其实不希望收到"传单"。微信营销需要创新，需要在找需求和互动上多下工夫。

事实上，要做好微信营销远没有大家想的那么简单，有太多专业性的工作要做，也有太多技术性的开发工作。做好微信营销要注意的地方很多，微信营销才刚刚开始，讲求第一眼优势。新媒体往往会赚足大众的眼球，而在新媒体中谁最先出现，谁就将获得先入优势。希望更多的品牌广告主意识到微信营销的价值，并且在充分认识微信营销特点的基础上进行微信营销。

2013年1月9日，有消息称微信和微博营销刚起步时一样，正在吸引着大批数字营销者安营扎寨。不同的是，微博上吃香的草根营销账号在微信上则遇到了推广难题，而品牌营销账号则更容易被粉丝所接受。微信的强用户关系是草根账号成长的主要阻碍，而正是因为难题多，在微信已经开始出现了大量的公众平台导航网站，这些公共平台的建立在一定程度上丰富了微信平台的产品，也为微信用户提供了更多的机会选择。

可以说，微信公众平台让移动互联网的推广多了一个更为便捷的渠道。微博让企业有了一个自我开创品牌的机会。做好微博更利于做好品牌，做好微信则更有助于做好营销，可以这样说，微博是把明星草根化，更接地气，能够很好拉拢粉丝关系；微信则是把草根明星化，建立权威，能够很好地圈养维护客户，两者的有机结合，让移动互联网营销为企业带来更大的商业价值。

利用微视的无限创意和丰富元素，做好信息传播与互动

微视看看是腾讯推出的一款独立 App，它的定位是基于开放关系链的 8 秒短视频分享社区，用户可以通过 QQ 号、腾讯微博、微信以及腾讯邮箱账号登录，用户还可以将拍摄的短视频同步分享到微信好友、朋友圈、QQ 空间、腾讯微博。微视有着自己非常多的优势：

（1）微视操作非常简单，视频可以分段拍摄，打开手机摄像头功能即可拍摄，之后上传发布即可，几乎人人可以上手。

（2）微视以视频的形式展现，内容包含声音、图像、文字、动画，相比其他传播媒介表现形式更为丰富。

（3）微视拍摄可以自拍、取景、录像等，同时，拍摄素材形式多样，道具要求简单，自己做编导，创意无限，趣味性强。

（4）微视的时间可以在 5 到 30 分钟，视频流量和图片一样小，观看流畅，易于观看和传播。

（5）众多明星名人参与，戚薇、明道、范冰冰等欢乐自拍，窥探明星生活，惊喜连连。

（6）微视支持转发、评论和赞三种互动形式，利于参与者互动和传播。

（7）微视业内首创把转发和原创分离开来，保护版权的同时，预防重复上传，提升用户体验。

（8）微视开放并支持未登录者浏览精选内容，更有利于微视内容的传播。

以上 8 个方面内容既是微视的特点，又是优点，稍加利用，其传播和营销力度不容小视。还有一个重要的前提就是微视是腾讯推出的，对于互联网巨头的腾讯，大家都知道其运营实力，未来的微视可能又是一方霸主。

目前（2014 年 8 月）为止，范冰冰在微视的粉丝数量是 6335870

人，其视频作品 42 个，几乎浏览量都在七位数以上，一个微视的浏览在三五百万算正常的。评论、转发和赞参与者众多，有的微视后有其微信号的水印，相信这一举动一定给她又带去了粉丝。

对于商家来说，可以利用微视展示产品及包装、标准化的生产线、公司内部员工生活、客户评价见证、发货现场等，这总比用枯燥的文字描述更有冲击力吧，做淘宝或在淘宝经常购物的朋友都知道，淘宝最新推出的主图 6 秒短视频，这又何尝不是微视的"变身"，在之前淘宝早早就有了视频展示的功能，是在描述页面的顶部，现在直接把 6 秒微视放在主图第一个位置，可见其在营销中的重要性。如果在商家的网站、微商城、微信平台、QQ 空间等地方有个直接展示产品或者服务的视频，对于消费者来说了解产品情况不是更轻松了嘛，顾客下单的可能性和速度都会增大。

04

如何做好微信营销

　　要想玩转微信，就必须真正地了解微信。要想真正玩转微信营销，就必须掌握微信的营销规则。合理地发挥微信的营销价值，科学地使用微信的功能，都要建立在对微信熟练使用的基础上。玩转微信营销先从玩转微信开始。

第一节　准备工作

微信营销的核心内涵就是与消费者之间的交互营销，这是有别于其他营销方式的主要营销模式。微信营销是在新媒体技术化基础上实现的营销，它更加注重传播和交互。微信公众平台更加注重技术手段营销方式，通过技术的深度开发，实现微信营销的根本目的。究竟要如何开展微信营销，如何实现微信营销的战略目标，这些与微信营销的前期准备密不可分。因此，做好微信营销首先要做好微信营销的准备，避免盲目展开，导致资源的浪费和营销效果的缺失。

有微信营销研究机构通过微信营销实践，对微信营销进行了深入研究，将微信营销的前期准备工作分为如下几个内容：

微信账号的建立、微信平台的管理。

内容承载网站的开发与维护。

公众账号粉丝提升和黏度建立。

品牌营销传播活动。

地理位置营销、线下促销。

定制化接口的开发与维护升级。

事实上要做好微信营销远没有大家想的那么简单，有太多专业性的工作要做，也有太多的技术性开发工作。自从微信公众平台出现后，国内已经出现了微信营销的技术产品供应商，他们通过对微信营销的技术研究来推动微信营销的发展。微信海团队便是从事微信营销的团队之一。目前，微信海团队在技术上已拥有智能回复机器人和深度开发技术接口能力，在营销上拥有数万名兼职微信会员，数千个大号总共覆盖微信粉丝 5000 多万，并且收编了一些著名的内容撰写者，现可以为客户提供公众平台账号代管，承载网站、平台接口开发维护，提升粉丝，线下 LBS 促进销售等微信营销相关一系列服务。随着微信技术的不断成熟，越来越多的企业对微信营销提出了更高的要求，并希望微信营销完区别于微博营销，能够以一种全新的视野去实现微信营销的战略目标。

做好微信营销要注意的地方很多，微信营销才刚刚开始，在这个过程中，先入为主，谁先上位，谁就能够赚足消费者的眼球。而在新媒体中谁最先出现，谁将获得先入优势。

为了便于我们开展微信营销，以下将微信营销的一般步骤进行分解，希望能够给读者一个具体的指导，提升我们开展微信营销的效果。我们将开展微信营销分解为六个步骤。它们分别是：建立账号、内容承载、账号运营、粉丝提升、活动运营、深度营销。

第一步：建立账号

1. 微信用户

微信用户就是营销人常说的个人号，手机下载安装微信软件后，用户可根据个人需要，选择以下方式注册微信：QQ 用户在微信登录界面直接输入 QQ 号和密码，根据提示完成注册即可；非 QQ 用户在微信登录页面，选择"创建新账号"，然后输入用户的手机号码，根据提示完成注册即可，目前支持全球 100 多个国家手机号码注册。微信注册成功之后，会有一个系统默认的微信号，另外官方会提供一次微信号自定义设置的机会，一旦设置成功之后不可修改，这里设置有个小技巧，就是账号要通俗易懂，比如作者微信号：qq1056762202，有 QQ 号在里面容易推广，也有缺点就是看着显得长，一般都会采用字母 + 数字的组合形式，也有人喜欢用昵称首字母缩写或字母全拼。拥有账号的用户可以发送语音短信、视频、图片和文字，并且可以支持多人群聊。目前，微信支持 iPhone、Android、Windows Phone、塞班、Blackberry 平台的手机之间相互收发消息。

微信的主要功能有：

微信界面：支持发送语音短信、视频、图片（包括表情）和文字；
支持多人群聊（最高 20 人，100 人、200 人群聊正在内测）；
支持查看所在位置附近使用微信的人（LBS 功能）；
支持腾讯微博、QQ 邮箱、漂流瓶、语音记事本、QQ 同步助手等插件功能；
支持视频聊天；
微行情：支持及时查询股票行情。

微信完全免费，使用任何功能微信都不会收取费用。微信适用的手机网络包括 GPRS/EDGE/3G/WiFi。微信有着精心设计过的通信协议，在后台运行时仅消耗极少的流量，腾讯官方称一个月仅消耗约 1.7M 流量。建议退出时选择后台运行，以保证及时收到微信消息。

微信二维码：有了微信二维码就可以扫描微信账户，添加好友，将二维码图案置于取景框内，微信会找到好友企业的二维码，然后可以获得成员折扣和商家优惠。微信推出 Web 版本后，在 Web 版本中，不再使用传统的用户名密码登录，而是使用手机扫描二维码登陆的方式，这种登录方法开创了国内 Web 端扫描登陆的先河。

2. 公众账号

微信公众平台号称：再小的群体，也有自己的品牌，每个人都可以用一个 QQ 号码来注册微信公众账号，向外群发消息。2013 年 8 月 5 日，腾讯将微信公众平台进行升级，把微信公众平台分成订阅号和服务号两种类型。两者在功能和定位上有着简单的区分（以下是微信公众平台在百度百科的介绍）：

服务号是公众平台的一种账号类型，旨在为用户提供服务。服务号一个月内仅可以发送四条群发消息。服务号发给用户的消息，会显示在用户的聊天列表中。并且，在发送消息给用户时，用户将收到即时的消息提醒。

订阅号是公众平台的一种账号类型，为用户提供信息和资讯。订阅号每天可以发送一条群发消息。订阅号发给用户的消息，将会显示在用户的订阅号文件夹中。在发送消息给用户时，用户不会收到即时消息提醒。在用户的通讯录中，订阅号将被放入订阅号文件夹中。

在百度百科上，目前是这样介绍微信公众平台功能的：

群发推送：公号主动向用户推送重要通知或趣味内容；

自动回复：用户根据指定关键字，主动向公号提取常规消息；

1 对 1 交流：公号针对用户的特殊疑问，为用户提供 1 对 1 的对话解答服务。

在微信公众平台的登录首页，微信放置几个关于微信营销的案例，让我们对微信营销有了一个初步的印象和概念。从这方面，也说明了微信对公众平台的定位，那就是商家开展微信营销的一个平台。

案例一：招行信用卡

微信公众账号（服务号）。如果你是持卡人，可快捷查询信用卡账单、额度及积分；快速还款、申请账单分期；微信转接人工服务；信用卡消费，微信免费笔笔提醒。如果不是持卡人，可以微信办卡！

案例二：南方航空

微信公众账号（服务号）。你可以办理值机手续，挑选座位，查询航班信息，查询目的地城市天气，并为明珠会员提供专业的服务。

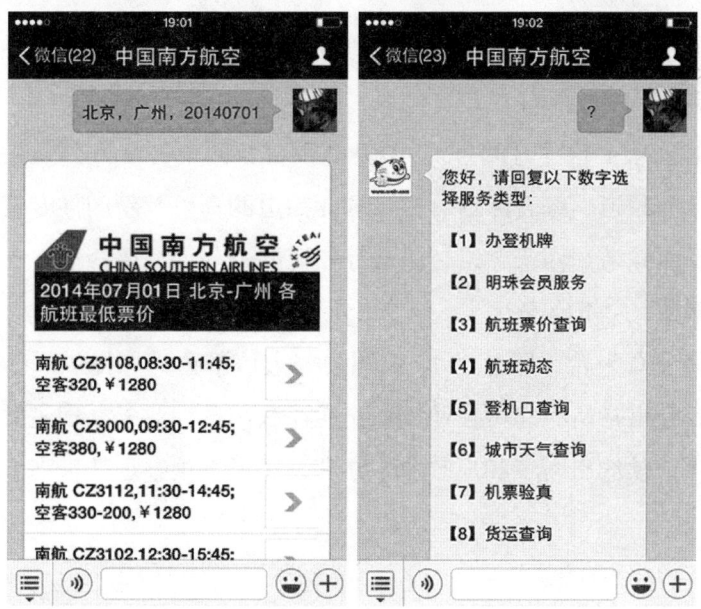

案例三：广东联通

微信公众平台（服务号）。你可以在微信里绑定手机号、积分流量，套餐余量、手机上网流量，微信专属流量查询，客服咨询。

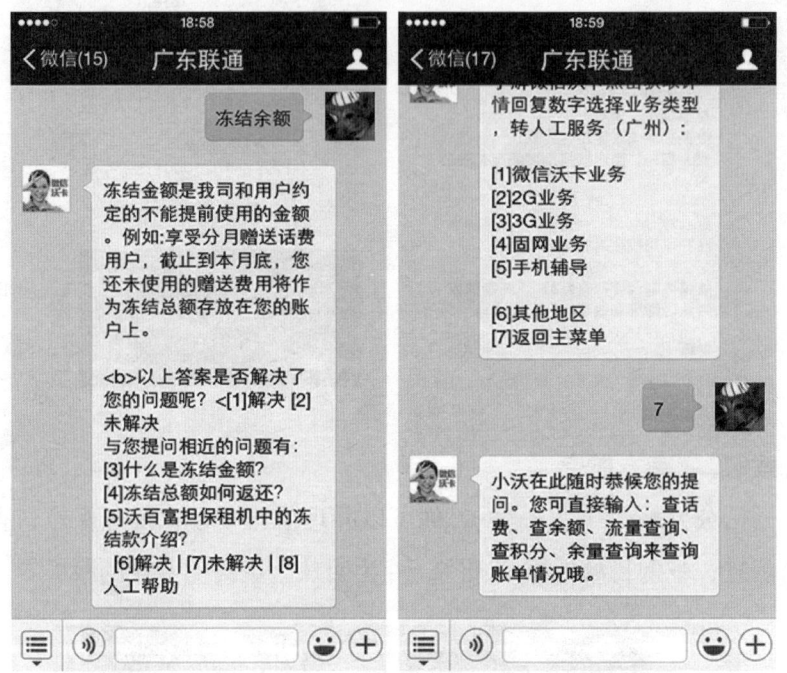

案例四：央视新闻

微信公众平台（订阅号）。中央电视台新闻中心官方公众账号，负责央视新闻频道、综合频道、中文国际频道的资讯及新闻性专栏节目以及英语新闻频道、西班牙语、法语等频道的采制、编播。

案例五：广州公安

微信公众平台（服务号）。广州公安微信平台为您提供最新最快警务资讯、办事指南，您可在此查询交通违法信息、业务办理进度、路况动态资讯，预约出入境和户政业务办理，还可直接办理往来港澳通行证再次签注。

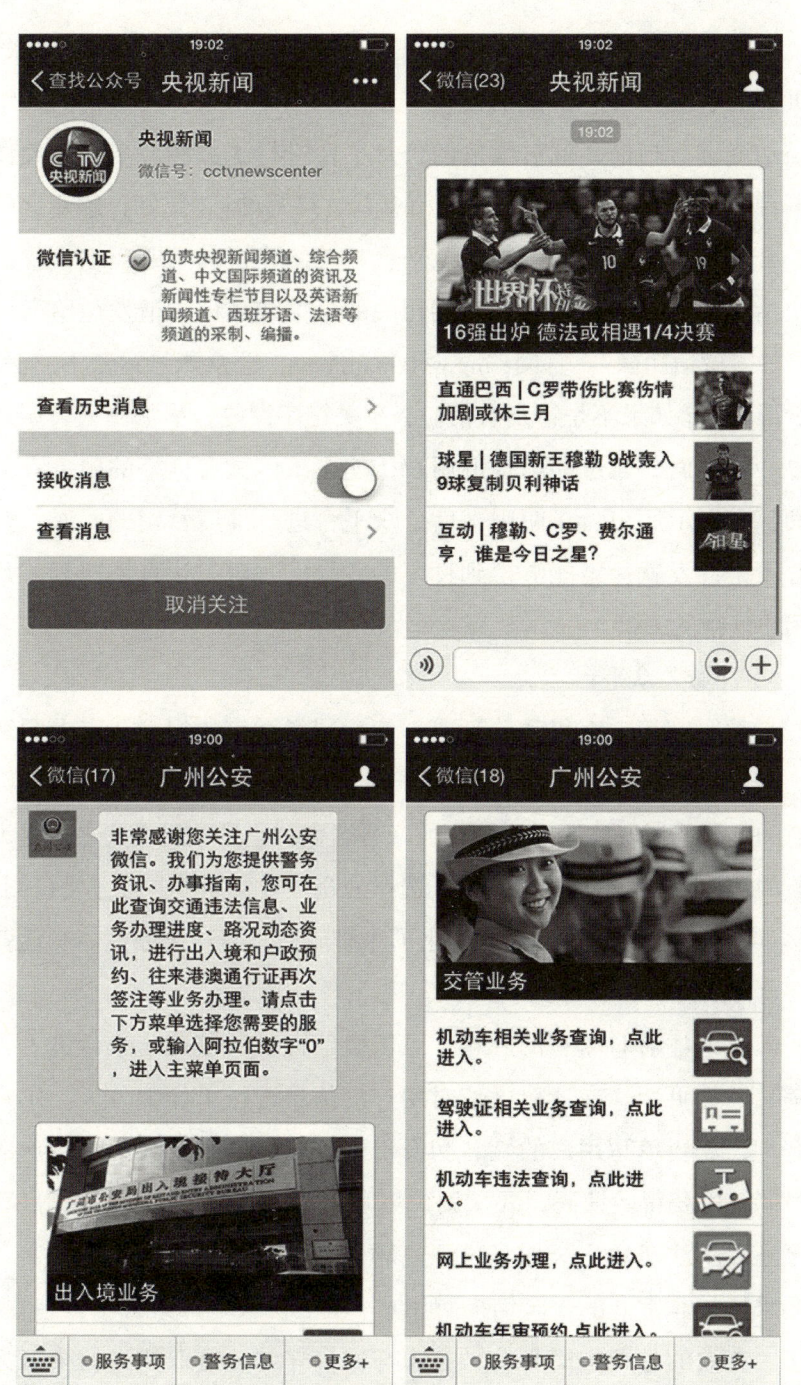

同时微信公众平台也不忘记在网页上推广一下自己的公众账号，在页面的右上角有一个微信公众平台的二维码，只要用微信的二维码扫描功能进行扫描，就对微信的公众平台进行了关注。当我们关注公众平台的时候，公众平台的提示信息是这样写的："您好，感谢您的关注，公众平台团队用来接收公众平台相关的建议和问题反馈，我们会尽快给您回复，微信手机客户端相关的反馈和建议，请发送给微信通讯录的"微信团队"。官网：mp.weixin.qq.com。公众账号运营不二法门：①少群发；②如果不是特别有信心，少关键字回复，尽量真人真诚用心回复。一方面，通过提示告诉用户，使用微信具有良好的服务。另一方面，也提示用户，在使用微信公众平台进行推广营销的时候，要注意并不是群发就一定能够得到良好的效果，一对一认真地回复才是获得用户信赖的关键。

1）注册公众平台

A. 填写邮箱、密码和验证码，然后同意微信的规则。点击同意之后，微信会自动发送一封邮件到用户注册时填写的邮箱。在此期间需要注意的是，选择好注册时要填写的账号名称，一旦注册成功之后是无法修改的，同时注意根据自己需求，选择公众号类型是服务号还是订阅号。2014年8月27日，微信官方简化了注册流程，填写业务主体和运营信息即可注册。

B. 进入注册时填写的邮箱，点击微信提供的链接，就会进入到用户信息登记页面。在这里微信对用户的信息进行了详细分类。用户信息登记，需要填写用户的姓名和身份证号码，同时要求填写用户的手机号码，以获得验证码，要求用户填写单位、固定电话、职务等信息，甚至还要求注册用户添加身份证复印件。这说明微信对于用户实名制的要求还是非常高的。微信提醒用户：微信公众平台致力于打造真实、合法、有效的品牌推广平台，有志与诚信守约、进取担当的第三方合作伙伴携手并进，建立和维护良性互动、健康有序的平台秩序。为了更好地保障用户和广大微信用户的利益，用户要如实填写登记信息。用户如实填写登记信息后，有助于建立一个真实的信息发布平台。公众平台的主要价值体现在：①使用微信公众平台的所有功能；②提高账号的可信任度；如果用户的微信公众号属于企业、组织，可以使用法人的身份信息登记，也可以提供管理者或主要运营者的信息登记。需要注意的是，只有在微信的公众平台微信粉丝数到达 500 位以后，才可以进行认证。

2）管理公众平台

A. 实时信息

查看粉丝发来的信息，并可以对信息进行回复和管理。

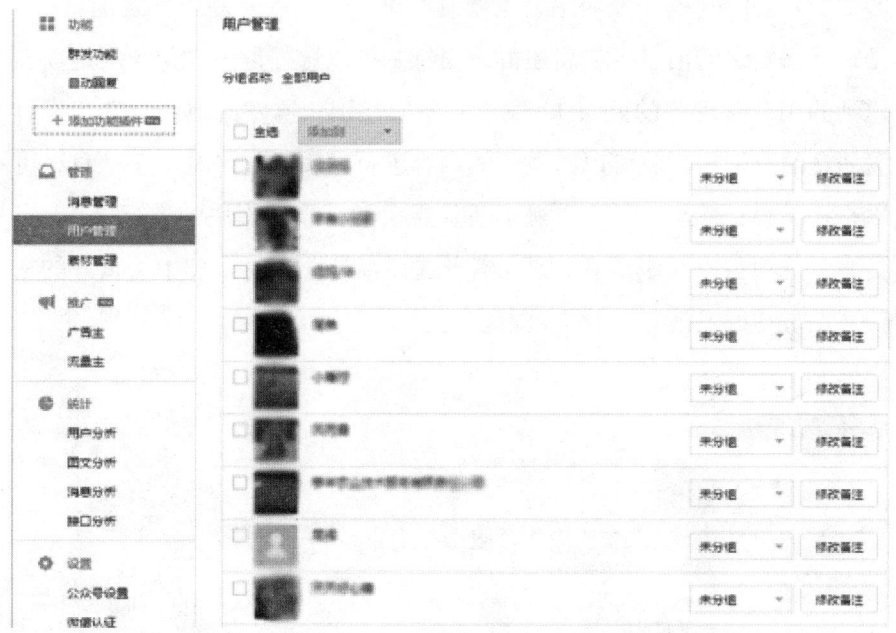

B. 用户管理

用户管理这个模块中，在页面在右侧可以给关注微信的用户进行分组，默认的分组有：未分组、黑名单、星标组，同时还可以通过"新建分组"来添加新的分组。

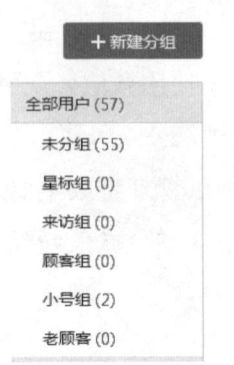

C. 群发功能

功能模块有两个版块，群发功能和自动回复。在"功能"模块里面的"群发功能"这个模块中，主要有两个功能，一是新建群发消息；二是查看已发送的消息。在新建群发消息中可以选择群发对象（就是前面说到的用户管理中的分组）、发送对象的性别、群发的地区。选定好群发消息的范围后，就可以对发送的内容进行编辑。如果是文字信息，可以直接编辑；语音、图片、视频则需要在素材管理模块中进行上传；点击录音选项可以录制语音；图文消息选择则是在素材管理中编辑好的文件。点击"群发消息"就可进行发送。

功能	**群发功能**			
群发功能	新建群发消息　已发送			群发消息数限制次数
自定义菜单	[图文消息]同样是涩春，方式大不同！	发送成功 ∨	07月31日	删除
✛ 添加功能插件	[图文消息]父母的负面行为危害孩子的智商！	发送成功 ∨	07月10日	删除
管理	[图文消息]帮自神经的能量，只要你用，就添力无穷	发送成功 ∨	07月05日	删除
消息管理				
用户管理	[图文消息]管育这6个问题，你的人生不会再有"迷茫"	发送成功 ∨	06月28日	删除
素材管理				
推广	[图文消息]享读到人便是做过自己！	发送成功 ∨	06月23日	删除
广告主				
流量主				
统计				
用户分析				
图文分析				

自动回复里面分 3 个栏目：被添加自动回复、消息自动回复、关键

词自动回复。

D. 素材管理

素材管理是微信公众平台中的一个大分类，主要是给群发消息上传图片、语音和视频，并对这些上传的内容在消息素材的图文消息中进行进一步的编辑，编辑的消息包括标题、封面、正文，在编辑完成后可以通过发送预览这个功能，将预览发送给好友的微信，查看最终的效果。若效果不好，还可以对其进行修改。对于封面图片的尺寸大小，建议采用 640*360，这个尺寸的展示效果比较好。

E. 设置

在这里可以设置账户的基础信息，同时设置公众号手机助手，通过绑定一个私人微信号后，用户可以在手机上通过该私人微信号向公众号助手（微信号：mphelper，你需要添加 mphelper 为好友）发送消息，所发送消息将被视为此公众号向所有粉丝群发的消息，系统会自动进行群发，这同样会消耗群发限额。

公众号设置

帐号详情　　功能设置

隐私设置	已允许（是否允许用户通过昵称搜到该帐号,但通过id和二维码可以搜到）	设置
腾讯微博	未绑定 绑定腾讯微博后,你可以将群发的消息同步到腾讯微博。	现在绑定
图片水印	使用昵称作为水印	设置

F. 推广

在推广模块里有广告主和流量主两个版块（如图，推广 1、推广 2），对于两者的开放，需要单独申请，符合条件之后，腾讯会审批开通。此功能的开放，提高了企业推广的效率，增强了微信公众平台的商业氛围。

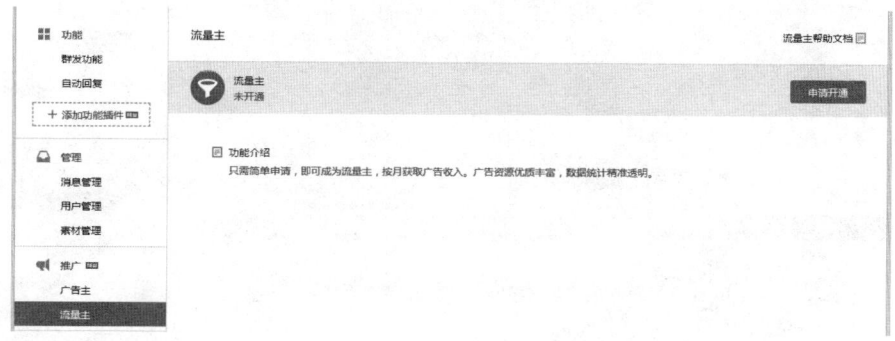

推广 1

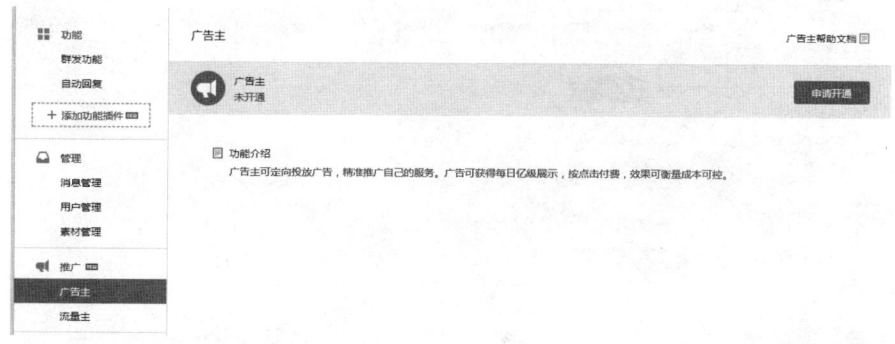

推广 2

G. 统计

在统计模块，有用户分析、图文分析、消息分析、接口分析四个版块。在用户分析里面有用户增长和用户属性，以图表的形式展示用户信息指数，有利于用户的动态观察。图文分析里面有图文群发和图文统计。消息分析里面有消息和消息关键词，图表的形式展示，含有时间参数、趋势等内容。接口分析模块里面有日报和小时报两种形式的报表可以下拉选择。

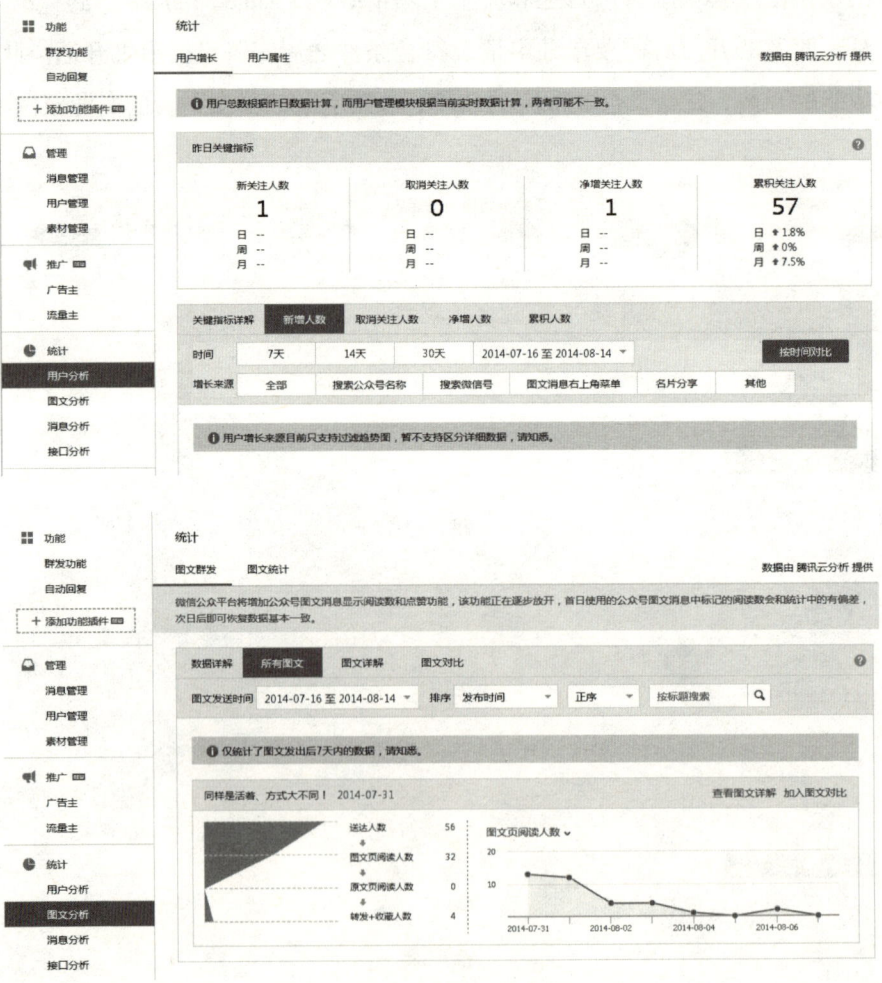

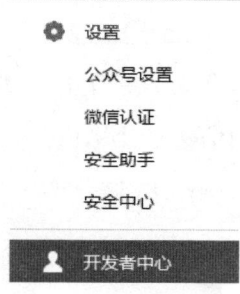

3. 开发者中心

在开发者中心模块有配置项和接口报警，通过配置项页面可以申请成为开发者，接口报警主要是一些技术方面的参数提醒。

开发者中心

配置项　　接口报警

你还没有成为开发者

成为微信公众平台开发者，你将可以使用公众平台的开发接口，在你自身服务器上接收用户的微信消息，并可按需回复。此外，我们还提供了更多更高级的接口来完善公众号的功能：

1. 会话界面的自定义菜单
2. 多客服接口，提供贴心快捷的客服服务
3. 获取用户地址位置，精确提供服务
4. 高级群发接口，实现更灵活的群发能力
5. 用户分组接口，方便管理用户

还有很多接口，等你来体验。

☑ 我同意《微信公众平台开发者服务协议》

成为开发者

　　微信开放平台为第三方移动程序提供接口，使用户可将第三方程序的内容发布给好友或分享至朋友圈，第三方内容借助微信平台获得更广泛的传播。微信开放平台展望人际沟通是手机最核心的功能。随着移动互联网的发展，独立的文字和语音通信必将汇入到社会化的通信平台上来。从口信、书信、电信到微信，通信的方式不再是沟通的阻碍，和谁通信、聊些什么将成为新的问题。

　　因此，微信开放平台实际上起到了汇集第三方内容，促进用户分享和活跃的作用，至于下一步发展，很有可能演变为私人的生活服务平台。

　　目前大部分商家所谓的微信会员卡，其实跟微博官号的作用差不多，只是用它给关注自己的用户传递信息。关注微信账号就打折的活动，也只能看做一种促销，因为商家不能真正获得并管理这些用户。与一卡易合作的商家，可以通过微信账号让用户注册成为会员（如果已经是会员，就相当于进行一步登录操作），并获得一个二维码作为电子会员卡，实现微信公众账号与会员软件对接。

　　还可以利用微信帮用户将内容分享给好友。用户在你的 APP 中看到的某个精彩内容（比如一篇文章、一首歌曲），想转发给好友，点击"分享给微信好友"，通过微信，好友收到信息，轻轻一点，可以查看详情；还可以使用你的 APP 来查看内容，没有安装你的 APP 的用户将会被提示去下载安装。还能把用户看到的精彩内容分享到微信朋友圈。用户想分享给微信朋友圈的好友们，点击"分享到微信朋友圈"，完成授权后，内容就可以发送到微信的服务器，好友在朋友圈中就能马上看到这个内容了。

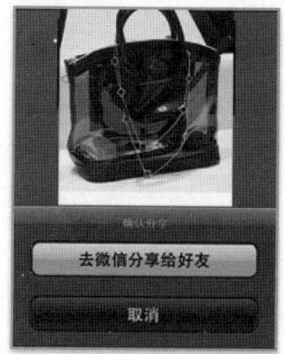

分享给微信好友

分享给微信朋友圈

1）注册开放平台

　　登录微信官网 http：//weixin.qq.com/，在顶部导航栏中点击"开放平台"，进入微信开放平台主页。

点击"注册",进入开发者注册页面。

输入你的 QQ 号和密码登录开发者平台,请注意该 QQ 号将和你的微信开发者账号关联,每个微信开发者账号可以登记 10 个应用。

初次注册的开发者需要先填写个人资料,以便接收应用审核情况信息。要求用户填写真实的姓名、联系电话和 E-Mail。

个人资料

开发者 ▸ ▮▮▮▮▮▮▮▮ 退出

申请应用ID之前,请按实际情况如实完善您的个人资料

姓名

联系电话

为确保消息畅通,请确认联系电话填写无误。

Email

此邮箱将用于接收应用审核情况通知,请确认填写无误。

提交

　　提交完成后，您将进入应用管理页面，这表示您已成功创建开发者账号，以后可以使用与该开发者账号关联的 QQ 号登录开发者平台。

　　2）开放平台管理

　　微信的开放平台主要是实现用户的应用与微信的互相通信，首先需要用户在开放平台上登记用户的应用。用户的应用可以是一个移动设备上的应用，也可以是一个网站，或者是一个基于桌面平台的客户端。所有形式的应用都通过获取一个唯一的 APP ID 来实现与微信的通信。微信的开放平台提供 APP 开发的信息支持，并为用户提供 APP 应用的平台。

第二步　内容运营

　　微信营销一个关键因素是内容，内容运营的第一步是做好对微信的定位，做好微信的定位才是做好运营的关键，对于微信营销来说，粉丝需要关注的微信都是他们最为关注的信息，而这种具有排他性的定位，就会让用户在选择你微信的同时，会有一种针对性的期望。这种针对性的期望就是微信应该开展的内容运营。

　　（1）建议 APP 围绕 APP 的特点，进行核心服务内容推送的同时，做更多泛内容的运营。核心内容代表着微信的价值观和主张。泛内容是指核心内容周边的内容，每天进行内容推送，利用开放接口，连同 APP 数据库，做自动回复匹配，比如天天行客户端中有关于查寻附近 ATM 取款机的地理位置数据，就可以让用户输入：附近 +ATM，返回他想要的信息，内容运营对于增强用户对该公众号的黏性非常具有帮助，当用户出现某些方面困惑的时候，就会第一时间想到相关的微信，并希望得到圆满的解决。

　　（2）注重价值传播、信息分享。内容资讯要对朋友圈圈内好友或公众平台订阅者有信息价值，而不是滥发与产品或服务相干的信息或硬广告，在前面我们已经讨论用户在选择关注我们微信平台的时候，抱着一种针对性的心理期望，他希望得到一些有价值的建议或意见，这个时候我们要深入用户需求，想用户所想，急用户所急，只有这样真正服务好用户，增强用户对平台的黏度。服务顾客最高境界不是让顾客满意，而是让顾客内疚。有这样一个故事意味深长：昨天去买烟，买了包20元的，给了老板50元，找我了40元，我装兜里，就走了，没走多远，老板叫我：你烟没拿，我感动了，拿出10元给老板：你多找我10元。老板愣了一下，说：小伙子，把烟给我，我给你换包真的。我不禁留下了感动的泪水，老板，你把刚才那张50的给我，我给你换一张真的。老板接过50块钱，感动了：小伙子，刚才找你的钱，拿过来，我给你换一张。我再一次被感动，从口袋里拿出一部手机：老板，手机还你。老板热泪盈眶，颤抖着从兜里拿出一个钱包，小伙子，下次，看好钱包呀。这毕竟是故事，甚至有点无厘头，但是从中隐隐约约我们能读懂一些人性。当别人真的用心了，我们会有所察觉，在服务用户的时候，真心帮助顾客，而不是卖产品给顾客。我们不是漫天滥发布产品广告，而是告知顾客产品客观信息、帮助顾客分析优质产品的标准，解决顾客心理疑惑，打消顾客购买顾虑，如果不买你的产品，顾客或许会由感动转向内疚。

第三步　粉丝提升

微信提升粉丝要充分利用微信的关联工具QQ和手机通讯录。利用QQ可以让你的QQ好友直接转化为微信朋友，同样，手机通讯录的好友也可以直接转化。这是粉丝提升最快的方法。如何做呢，方法并不难，微信是与QQ绑定的，在注册微信账号之后系统会自动推荐一些已经开通微信的QQ好友，你可以按照提示操作即可，如果当时忽略过去了或者没操作完整，可以进入微信之后点开"通讯录"选择第一个"新的朋友"选项，点击进去右上角有一个"添加朋友"的字样，点进去之后选择"添加QQ好友"这样就会进入查看QQ好友的页面，你就可以在分组里寻找你要添加的好友了，紧挨着"添加QQ好友"下面是一个"添加手机联系人"点击进去可以上传通讯录或者更换手机号。如果想批量操作也不是不可以，因为绑定的QQ、手机都是可以解绑的，这就意味着我们可以重新绑定新的QQ或手机号码，操作方法如下：进入微信页面之后，选择左下角（微信5.4版本界面）的"我"图标点开，选择"设置"点进去之后，选择"账号与安全"点击，之后选择"QQ号"选项，点击进去就有一个"解除绑定"的按钮，点击解除绑定会提示你确认是否解除绑定，之后微信会让你重新绑定QQ，这个时候我们把事先准备好的已经加满好友的QQ号绑定上去，之后我们就按照添加QQ好友为微信好友的步骤操作即可。手机通讯录批量添加好友的方法跟这个步骤是一样的，也可以不用解除手机绑定把手机号码录入到在用的手机通讯录就可以了。当然还可以通过二维码、微信号的传播等方式，比如，我们通常做的方法，在网络上到处留线索，比如在潜在客户出没的论坛上发帖、相关视频上放上二维码或微信号、发布的文章结尾放上微信号、分享图片加上微信号的水印或者二维码，目的是在用户搜索相关信息的时候，能让更多的微信用户找到你，并成为你的粉丝。

用户还可以利用腾讯官方微博的原有粉丝，做好微博头像更新，在微博上加入二维码推广，并发布一些全新的关于微信公众号推广的内容，通过微博大号带动，为微信号带来更多的受众。以二维码微信为主流推广方向，同时利用微信的短线互动活动，通过赠送礼品等方式吸引受众的关注。

微信特有的摇功能诞生一种"摇一摇"趣味交友的模式。利用一部分人好奇心强和交友欲望的迫切，我们可以通过摇一摇的方式将信息传递出去，并通过此举成功获得更多的粉丝，具体怎么做呢，经验告诉我们把性别换成女、头像换成女性生活照更受欢迎，昵称修改与产品或服务相关，卖榨菜的就叫榨菜妹，买楼房的就叫置业专家或房产专家，根据实际情况进行账号包装，个性签名设置成有诱惑力的诱饵，个性化建设内容建立信任触点，保持频率更新朋友圈，深耕细作，总会出效果的。另外，微信还有漂流瓶的功能。用户可以通过漂流瓶扩大影响力，传播受众会更为广阔，限于漂流瓶的地域性和时间性特点，漂流瓶的转化周期和转化率没有微信摇一摇的功能那么高。还有雷达加朋友，可以搜索一定范围内的在线好友。主流方法主要是以上这些，可能还有其他方法，尚待挖掘。

第四步　活动运营

微信活动运营和微博类似，基本上都需要结合 APP 特性、时事热点来做，或者做深度炒作亦可，不断的活动刺激会增强目标用户对该账户的友好度。

服务运营除了接口自动匹配直接在微信上提供服务外，还需要配合人工客服进行。微信是一对一的关系，用户希望得到的是即时回复，尤其是人工回复，这样会让用户喜悦感大增。例如，某些企业就会设立专职的在线人工客服为用户提供在线服务。

微信营销模式类似于邮件订阅型的许可式营销，受众更占主动选择权和离开权，微信营销稍有不慎，可能积累的粉丝一夜之间便会离去。微信营销是重积累，强调厚积薄发，以口碑赢得二度传播的机会，对于不同性质的微信公众号，其定位也影响着其粉丝的质量和数量。

有一些用户希望通过微信刷粉丝的方式来增加粉丝，实际上微信刷粉丝基本上等于作茧自缚，因为它不同于微博可以做给外人看。就目前来说外人是暂时无法了解你的微信实力的。即使有一些互粉，对用户未来的微信营销都是毫无意义的。微信未来的营销是投递式，不同于微博的广布式，所以微信更需要真实的粉丝，产生真实的反馈。因此用户注册完微信公众号后，就要根据微信账号的受众定位，进行针对性的二维码传播。

对于微信的开放平台，需要专业的 APP 开发人员在企业需求的基础上进行二次开发，以此来实现微信开放平台的营销。正如在微信开放平台上介绍其功能时候所说："自建关系链？网络营销？ App Store SEO ？不用了！成为微信开放平台开发者，让拥有上亿级用户的微信平台成为你的免费推广平台，让用户帮你口碑营销。下载数、活跃数、评价数、网站流量，一切都来得那么自然。"如此看来，企业开发微信的开放平台已经成为开展微信营销的当务之急。

微信活动运营的要点：

（1）技术上可以使用 APP 或自动回复。微信开放中心可以对接开放接口，也可以使用大众方法运用自动回复，自动回复有 3 项：被添加自动回复、消息自动回复、关键词自动回复，这三个都可以好好利用一下。

（2）活动卖点可以是有奖、折扣、优惠等来刺激订阅者参与。不管是什么活动，给参与者最重要的就是一个理由，他为什么要参与，这个理由就是一个触点，比如，父亲节到了，给你的父亲买件衬衫吧，这就是一个诉求，触点就是父亲节，为什么要给父亲买衬衫，因为父亲节到了。一句"父亲节到了"把买衬衫说成了理所当然的事，节日往往是消费购物高峰期，因为对大部分人来说节日是购物消费的理由。微信活动也是一样，给微信好友或关注者一个无法拒绝的购买建议鼓励参与消费。

（3）利用节日进行时效性促销。中国人看重节日、看重礼节。节日是消费的一个节点，很多商家都会选择在节日开展优惠促销折扣活动。很多平台自创购物节：淘宝天猫双 11、京东 618。微信运营在节日需要着重处理集中的大量订单，如果是微信公众账号推送，建议选择多个个人号做客服，或者把关注者按地区分为几组，之后一批一批的去做活动，以免出现应付不来的情况。

（4）跟踪发布活动结果，保证公正、公开、公平。这一点主要是保持整个活动过程的氛围，增强大家参与的积极性。可以把一些活动奖品、活动制度、人力物力财力投入状况等相关内容通过图片或者视频的形式展示出来，给参与活动者更多开心和信心。

（5）微信平台后台操作上，对参与者进行分组，以备二次营销运用。有过一次接触的关注者要比陌生人强很多，有过一次消费的新顾客要比有过接触的人强得多，老顾客要比新顾客强得多，将这些潜在顾客分成等级，在以后的营销活动中更容易主动把握活动效果。

第二节　玩转微信要技巧

有很多用户反映微信的粉丝比较难获取，这正好符合营销的基本规律，对于目标客户来说，真正关注到我们微信的客户，才是我们真正的目标客户。另外，微信属于一对一互动，从社会学角度看，一对一的关系中，是私密的、去中心化的。现在看来，微信公众号的出现，好像已经在破坏这种平衡，但是还好，用户并没有把微信当成微博玩。既然是去中心化的，在微信上找不到入口是自然而然的。

玩转微信的第一步就是获得众多粉丝的关注，没有粉丝的关注，微信营销就是无本之木，因此，玩好微信就要先学会如何找到更多的微信粉丝。要找微信粉丝，必须向草根大号学习。有人曾有这样的预测，目前，在公众平台上已经聚集了至少1万名草根大号，粉丝数量在2万人以上的非常多，他们是怎么玩赚粉丝数的呢？主要分为非微信平台推广账号渠道及微信平台推广账号渠道。

非微信平台推广账号渠道

（1）微博平台转化通道。最早的微信草根大号，均由微博草根大号们发起，他们在微博上不断推自己的微信，收获了第一批微信粉丝。

优点：已有微博基础粉丝量大，可以快速推广账号。

缺点：转化率比较低，若不是自有微博，建议不要轻易采用。

（2）网站论坛转化通道。这些转化通道主要是通过网站媒体，吸引微信粉丝的关注。

优点：已有网站用户群可以转化为微信粉丝。

缺点：转化率依然较低，若非自有媒体，建议不要采用。

（3）二维码线下转化通道。此方法是品牌商比较喜欢采用的方式。

优点：已有客户转化率很高。

缺点：粉丝增长缓慢，消耗老用户资源。

（4）微信用户的通讯录通道。对于用户的通讯录是较为直接的粉丝转换方式，用户可以通过自身的通讯录实现粉丝的转换。

优点：转化率很高。

缺点：通讯录精准资源的获取需要积累与整合；在增加频率和数量上微信官方开始有所限制。

（5）QQ好友转换通道。腾讯的微信与QQ的链接，为用户的QQ好友转化为微信好友提供了直接的路径。

优点：微信与QQ正相关，转化率非常高。

缺点：对于批量导入好友微信官方开始有所限制。

微信平台推广通道

用户的微信账号一定要在微信平台上推广才最为直接、有效。从微信平台上直接获得粉丝将是微信用户获得粉丝最为直接的方式。目前，微信平台上可以推广的渠道主要有以下几类：

1. 草根大号直推

目前微博上有的草根大号已经达到千万级别的粉丝，对于这些草根大号来说，比较直接的营销方式就是通过加 @ 的方式来帮助客户进行推广。而微信的推广刚刚开始，如果借助微信草根大号的推广方式，可以帮助微信用户提高粉丝的数量。推广品牌账号方式主要是带上品牌的微信号直接发送消息推送，在这个过程中草根大号微信推广也冒着自身掉粉的危险。

优点：到达率 100%，打开率一般在 50% 上下，粉丝转化率大概为 0.5%。假设推送的草根大号有 1000 个粉丝，广告推送后，能为品牌带来 5 个粉丝左右。

缺点：成本较高，获取一个高质量真粉的成本在 5 ~ 10 元之间，但相比非微信渠道推广来看，已经便宜很多了。

2. 草根大号内容承载页互推

这种方式可以说是效果最好、成本最低的方式。

优点：成本最低，效果最好，用户最不反感。

缺点：已被腾讯封杀，什么时候解封，听天由命。

3. 微信导航站

某些微信导航账号，已经拥有 20 多万粉丝。品牌号在微信上推广，这个渠道必不可少。

优点：软性推送，占住入口。

缺点：可选择对象太多，仅凭账号名称及签名档信息做出选择，被选中机会小。

4. "意见领袖型"营销推广策略

企业家、企业的高层管理人员大都是意见领袖，他们的观点具有相当强的辐射力和渗透力，对大众言辞有着重大的影响力，潜移默化地改变人们的消费观念，影响人们的消费行为。微信营销可以有效地综合运用意见领袖型的影响力以及微信自身强大的影响力刺激需求，激发购买欲望。如小米手机创办人雷军，就很好地运用了"意见领袖型"营销策略。例如，雷军利用自己微博庞大的粉丝群，在新浪微博上简单地发布关于小米手机的一些信息，就得到众多小米手机关注者的转播与评论，更能在评论中了解消费者内心的需求。

优点：粉丝关注度高。

缺点：容易出现两极分化，有人喜欢就有人不喜欢，不可能满足所有人的口味。

5. 病毒式推广策略

微信即时性和互动性强、可见度、影响力以及无边界传播等特质极其适合病毒式营销策略的应用。微信平台的群发功能可以有效地将企业拍摄的视频、制作的图片，或是宣传的文字，群发给微信好友。企业更是可以利用二维码的形式发送优惠信息，这是一个既经济实惠，又更有效的促销模式。让顾客主动为企业做宣传，激发口碑效应，将产品和服务信息传播到互联网以及生活中的每个角落。

优点：推广信息与用户的需求正相关，但是要求必须成为关注的粉丝。

缺点：容易引发粉丝的反感而出现掉粉情况。

6. 视频、图片营销策略

运用"视频、图片"营销策略开展微信营销，首先要在与粉丝的互动和对话中寻找市场。为特定市场提供个性化、差异化服务；其次将企业的品牌、产品和服务信息传送到潜在客户的大脑中，为企业赢得竞争的优势，打造出优质的品牌服务。让微信营销更加"可口化、可乐化、软性化"，更加吸引消费者的眼球。

优点：传播的内容比较形象和具体，目标客户容易接受。

缺点：需要首先引入互动，以获得更好的营销效果。

微信官方微博宣布用户数达 3 亿，距离微信 2011 年 1 月 21 日发布第一个版本还不到 2 周年。微信的爆炸式发展引发人们对它的多种猜想：微信会在更高程度上代替电话吗？微信朋友圈的火热会削弱微博的吸引力吗？

互联网的高速发展已经彻底改变了电信运营商的运营模式，基于互联网的语音、短信、视频通话等服务给电信运营商传统业务带来的巨大冲击，全球电信运营商最近几年的利润受到互联网企业的影响而不断下降，但大数据和移动互联时代的到来，也给他们带来了无限商机。

2013 年 1 月 13 日腾讯公司董事会主席兼首席执行官马化腾在深圳"两会"期间接受《南方日报》采访时称：2013 年腾讯公司会加强微博方面的力度。过去 2011–2012 年，腾讯在微博投入不少，格局也比较稳定，2012 年最大的变化是移动终端比传统 PC 电脑的增长速度快，用手机上微博的用户比例大过用电脑的比例，微博研发和产品规划要更多地针对手机来考虑。

随着微信用户越来越多，不少人已经减少了电话、短信的使用量，转而利用微信的语音、文字、图片形式来交流，个别潮人甚至宣布抛弃手机号、只用微信号码。微信会在更高程度上代替电话吗？对此，马化腾表示，微信和 QQ 一样都是网络即时通讯工具，目前还看不到完全代替电话的可能。马化腾坦言，微信方面对电商"搭顺风车"等类似事件仍持开放态度，但开放得不好可能被人滥用，有时候"一放就乱，一抓就死"。

微信营销软件示例

现在市面上出现了很多借助于微信研发的微信营销软件，这些营销软件能够帮助企业在最短的时间内构建微信营销的平台，实现企业的微信营销。下面介绍一款快商公司开发的微信营销软件，让我们借此了解微信营销软件的功能。

1. 基本介绍

微信营销软件定位准确，地毯式营销的方式，可以帮助本地服务类企业精准营销；通过一键就能实现微信所有操作，可 24 小时挂机；低投入、高回报；永久持续更新服务等。一经上市就受到中小企业的追捧。

其中以快商公司开发的微信营销软件最为便捷灵活，是微信营销软件领域中的佼佼者。

2. 使用技巧

加入 VIP 专属微信营销 QQ 群，共同进步，分享经验，拓展人脉关系，实现商务合作

优先免费观看微信营销视频课程以及 VIP 微信营销课程（包括以后更新的课程）；

享受年限内免费软件升级；

享受远程安装调试指导；

享受一年内微信营销过程中遇到的问题，免费答疑解惑。

3. 软件特点

唯一一款全球任意地点定位；

自动打招呼；

自动摇一摇；

自动验证打招呼；

自动推荐好友验证；

自动群发信息。

4. 软件功能

（1）批量搜索附近的人。软件系统自定义设定虚拟位置，批量搜索"附近的人"，根据实际需要设定不同地区（系统也可自动循环定位搜索），更有针对性地发布广告。

（2）自定义"摇一摇"次数。多账号同时摇，自定义每个微信账号的"摇一摇"次数，完美实现同一账号"摇无上限"，增加品牌曝光度，实现营销机会。

（3）自动打招呼／关注公众账号。支持自定义打招呼内容，无需加好友也能发送广告。支持快速关注明星及草根、公众账号，添加更多好友实现互动营销，增加曝光度，提升微信品牌及公信度。

（4）批量修改昵称／签名／头像。每一个头像及昵称都是一次展示机会，每一个签名都是一个广告商机，支持自动设置，全程全自动执行，无需人工繁琐设置，批量修改昵称、签名、头像。

（5）精准营销手机／QQ 号／邮箱。支持添加手机、QQ 号、邮箱账号为微信好友，采用更灵活的添加好友方式，有针对性地查找客户，通过不同途径把握潜在客户。

（6）支持使用漂流瓶功能。软件支持自动投递，自动批量扔瓶子发布广告信息，广告发布范围更广，覆盖更全面，通过漂流瓶为您的广告信息无死角展示。

（7）电脑模拟手机登录，自定义分组。系统通过用户分组和地域控制，实现精准的消息推送，直指目标用户，自动推送信息，实现品牌的病毒式传播。

（8）自动区分性别。系统支持以性别为筛选条件，区分男性女性客户，更有针对性地投放广告（如女性化妆品产品可以准确定位以女性为主的微信用户群体），让你的广告效果事半功倍。

玩转微信新功能

随着千元以下低成本智能手机的开发，2013 年中国智能手机用户预计将达到 5 亿，中国的 4G 牌照也即将在 2013 年发放。如果说未来是移动互联网的时代，而微信业务则是互联网巨头腾讯拿到的一张珍贵的"船票"。

赶在 2013 年春节前，微信团队将微信 4.5 版在 iOS 平台正式推出，在新功能上与测试版几无差异，不过开放了语音、地理位置和视频三大接口以及弱化插件是新版暗藏的变化。

先简单浏览下 4.5 版的新功能：

（1）跟朋友实时对讲。这一功能添加路径更直接，与视频聊天、位置分享、拍摄等并列，权重可见一斑。此外，实时对讲的界面更精美，退出更方便。

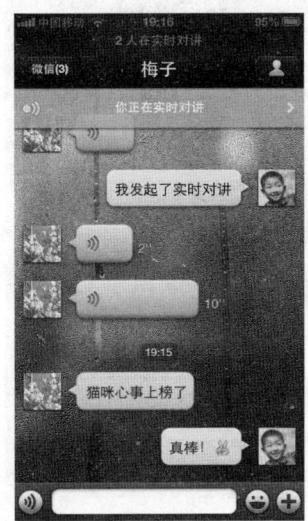

（2）将正在听的歌曲摇到手机里。音乐分享几乎是社交应用的必备。

（3）群聊也有二维码，扫一扫就能加入。这一个基于二维码的推广方式，将推动群聊像 QQ 群一样普及。一个隐藏功能则是，群聊的人数上限因人而异，有的微信用户可设置的上限为 40 人，也有用户微信号的群聊上限可以过百。

（4）聊天记录可以迁移到另外的手机上。

 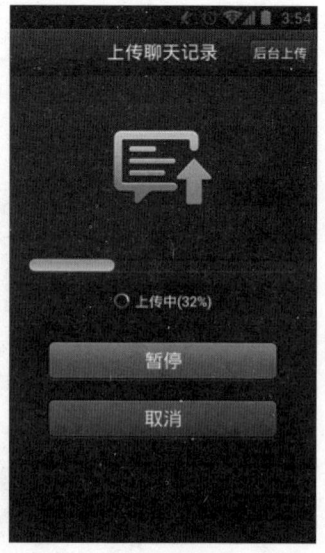

（5）推荐了一个有趣的"语音提醒"公众号，只要用户对着"语音提醒"公共号说出提醒的内容，该公众号就会及时提醒。

 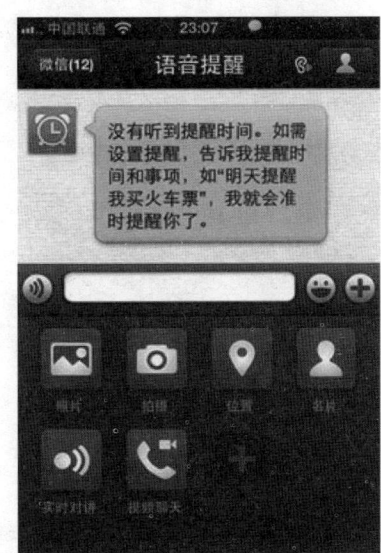

（6）用户发送的语音可以及时撤销。

 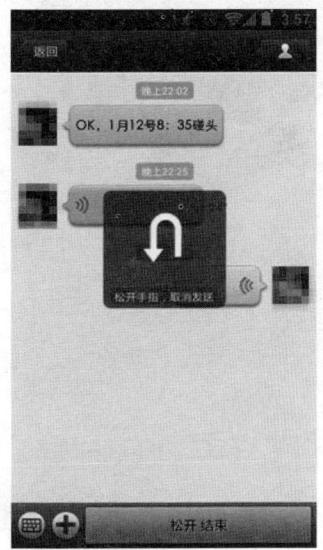

（7）可以回复陌生人的打招呼，还能加备注。

 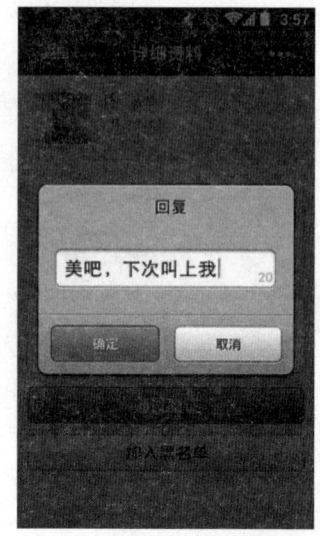

（8）朋友发来的位置可以导航。

第三节　我是否适合在微信上做营销呢

跟其他网络营销类似，做好微信营销需要一定的营销思维，在大思想指导下去做，才不至于盲目跑偏。目前在书店已经有一些关于讲微信营销的书籍可以参阅了，但是阅读后你会发现，大多讲的是微信营销概念、组件功能阐述等一些基础及一些大话套话，没有实质性的指导，在与大家分享做好微信营销的思路和策略，希望对实践在一线的朋友同仁有所帮助。

微信营销策略

1.定位与包装

定位、包装二词略显空虚，很多人会忽略这一点，认为这是走过场，有的确实是不知道该怎么做。定位非常重要，就像你要出门旅行，至少你要知道去哪里，知道大致路线。一艘没有航行目标的帆船，任何方向的风都是逆风。定位最重要的是选择目标人群，就是你的产品或者服务是卖给谁的，不要用"消费者""顾客"之类的笼统话搪塞，你最少要知道一些关于产品或者服务对应的顾客人群属性，比如，多大年龄、性别、职业类型等。举个例子，你是开微信商城卖核桃这样的干果，你的目标顾客是谁，你必须清楚的描述出来，如果是在大街上，你能"按图索骥"式的快速找出你的顾客。我们一起分析一下，核桃属于休闲食品，不是五谷杂粮这样的硬需货，平时可以吃也可以不吃的，从营养角度想，核桃益脑这是公认的，什么人需要益脑的食品呢？儿童，儿童处于学习期用脑多，这样是不是可以定位顾客之一是学生了呢？答案是否定的，儿童是产品使用者，但是购买者多是其父母，顾客应该是年龄在 25 到 40 岁左右的已婚男女。还有需要补脑的是孕妇，买单的人多是其老公及父母，年龄集中在 22 到 55 岁左右。这是个分析思路，通过这样的分析和定位，在建立微信账号之前，我们就知道了顾客是谁，账号叫什么名字更吸引这些人，做到心中有数。账号名称和公众号一旦注册成功是不能修改的，名称遵循的原则是好记易懂、易被搜索，就是名称直接一点，别人一看就知道该账号主要是分享哪类信息的，比如"店铺运营密码"，是很容易看出是分享关于店铺运营方面的资讯；，"成功人士参考"则是分享关于成功人士话题的内容；"茶疗养生密码"是关于养生、茶疗、食疗的话题，因为这些直接从账号名称就可以分析出来。易被搜索是说你叫的名称里面这些词不要有生僻、冷门词，一是多人不认识，二是不会有人主动搜索这个词。比如一同学注册了个"草臧"，你能 3 秒钟看出来他是做什么的吗，即使看得出，在不知道此号的前提下，谁又会主动搜索这个词呢，所以后来他又重新注册了个"藏友家收藏"，虽然读起来有点拗嘴，还是占了收藏、收藏家、藏友、藏家好几个关键词，在微信公众号搜索的时候容易被搜到，有一定优势。包装怎么做呢？这里说的包装是从营销角度说的，不是指实物的包装盒之类。在之前的内容有简单提及，就是根据顾客人群状况，把账号包装起来，让潜在顾客一看就容易产生联系，通过内容与之实现思想碰撞，一旦发出购买促销呼吁，有购买的冲动。先举一个常见的例子，房地产营销包装是比较下工夫的一类，对于大部分买房者来说毕竟是这辈子花钱最多、还款时间最长的一次，所以很慎重，开发商不得不下足工夫，在开发商的广告单页上面多是这样宣传：天然氧吧、河畔花园、金融商圈，你去看了往往是看见了工地旁边有几颗歪脖子树、有条臭水沟、远处小屋旁边有个自助柜员机。但是这些不是我们提倡的，我们倡导的包装是在事实基础之上，不是肆意夸大或者忽悠。回归话题，包装应该怎么做呢，我们以茶叶为例，现在我们用微信卖茶叶，如果是个人卖茶，我们可以开个微信个人号叫山野茶农或采茶幺妹，可以经常分享一些茶道、茶疗、采茶场景、茶叶炮制、分装等知识性文字或图片。如果有工厂是公司或企业运作的，可以建立公众平台并认证来配合个人账号一起做营销，推送内容可以展示一下生产线、员工风采、机器设备等，即使没有工厂也是可以通过整合资源运作起来的。有个网友操作的案例，他是做孕妇防辐射服的，运用的方法是把 QQ 改成女性，年龄选择 26，并设置头像，上传一些生活照，个人签名改为"晒准妈妈的幸福"。当然，这些都是包装起来的，他是未婚男。之后呢，他挨着在 QQ 搜索按照"城市"＋"妈妈"进行群搜索，申请加入群，验证信息要么朋友介绍的，要么我怎么退群了。通过率非常高，进入群之后，"她"会潜伏起来，时不时地分享一些孕妇知识与"同仁"共勉，后来就有人主动加她，更多的是他也主动加别人，由于在群里"面"熟，并且是年龄相当的女性，很多人会接受，之后他会把这些人引入到微信，通过朋友圈分享专业知识建立信任，之后卖货。或许会有人认为步骤繁琐，殊不知这个过程也是在建立信任关系，相识、相知才会购买，在建立关系之后，成交只是分分钟的事，人都喜欢跟相对熟悉的人买东西。

2. 推广与积粉

目前推广主要还是靠传统的网络营销来推广，并不是有了公众账号别人就会主动来关注，常见的网络营销手法非常多，没有一定的网推经验积累贸然推广微信账号难度是很大的。鉴于可以扫描二维码，也有不少商家把重点放在了线下二维码扫描上，多数的做法是"扫描有惊喜"，一窝蜂涌用滥了的方法，到底这个惊喜是不是吸引人，商家自己更清楚。

推广的主流方法还是在线上，毕竟网络是主流，通过推广获取粉丝关注最重要的是精准，被推广的人群真正对你推送的信息感兴趣，对这方面的资讯很在乎。举个例子，每年春季、秋季是大学生的就业高峰，如果一家企业是做人才招聘的，那么可以通过各大高校的招生办电话，找到负责应届毕业生的系领导，免费给予学生提供就业指导，对系领导的业绩的提升、校企合作的推进有好处。他们会特意推广该公司的公众账号。当然，有一个前提是该账号必须是确实可以免费为即将毕业的大学生提供各种招聘岗位信息。

在线上的推广并不难，也不神秘。如果你感觉难，那是因为你没有了解这些推广渠道正确的使用方法。如果你感觉网络推广很神秘，那是因为你没有从单纯的使用上总结出技巧，只是在按部就班的操作而已，也有可能被那些所谓的"大湿"给忽悠了。网络推广跟现实中是一样的，找对人、说对话就可以了。怎样算找对人，就是你要他们关注你微信的人对你推送的资讯是有需要的，或许他们正苦于寻找这样的帮助，这个时候你来主动奉上，对方自然双手接纳。就像在路上一个人很口渴，你送她一朵非常漂亮非常娇美的玫瑰花，她会有兴趣吗，显然不会，你们不在一个信息磁场。好比现在大街上好多街头推销的，拦住人就介绍他的化妆品如何改善皮肤。

线下推广主要是二维码扫描，还有做店铺活动。其实让别人主动关注并不难，但是关注和取消关注都是完全主动的行为，他现在会为了一点小礼物主动关注，他也会因为嫌你烦而取消关注。做线下同样需要精准，宁缺毋滥用在这里很是合适。如果有 5000 人的朋友圈好友，可以实现月销售 20 万，靠的就是日积月累下来的精准用户。

3. 运营与管理

账号运营背后是信息推送、沟通顾客、解答疑问、成交付款、快递发货、售后处理等一系列操作，不仅繁琐，还需要注意 N 多细节。因此需要分出先后、理出首次。大量的工作在于信息推送。可以关注同行的微信平台，把对方发布的信息收集起来并整理归纳；还可以借助搜索引擎利用关键词搜索相关信息；去专业的论坛、贴吧整理；还可以找专人撰写，如果是搜集而来的信息，先进行二次加工，比如图片调换、文字段落调整、删添内容。如果是个人号发布到朋友圈的，可以附带一张切近生活的图片，更生活化一些。

产品或服务信息如何发布，这一点也是至关重要的。硬广告已经是穷途末路，做广告就要软。看下面的这篇文章：

> 与筝初遇，是在上初一的时候，为了将来能考上心目中的中国传媒大学，我不得不学一样乐器，那时的我对音乐并不了解，也并不喜欢。
> 那天，我独自一人徘徊在琴行中，看着那令人眼花缭乱的各种乐器，我感到了一种孤独与无助，我一圈一圈的在店里转着，时而用手

指去敲打敲打琴键，时而去拨弄拨弄琴弦，但还是没有找到一见倾心的。后来店长带我来到了一架古筝前，手指轻轻触碰琴弦，筝体发出悠扬悦耳的声音，我顿时被这件民乐所发出的古典的音韵所感染，一阵悠扬的筝曲传入耳畔，这便让我下定决心要学习古筝了。从此，我开始走上了学筝的道路，迈入了音乐的殿堂。

第一课老师就给我们讲了一个与古筝有关故事，就是那个最有名的《高山流水》。听过之后更加让我对这件乐器心生怜爱之心了。伯牙善鼓琴，钟子期善听。伯牙鼓琴，志在高山，钟子期曰："善哉，峨峨兮若泰山！"志在流水，钟子期曰："善哉，洋洋兮若江河！"伯牙所念，钟子期必得之。子期死，伯牙谓世再无知音，乃破琴绝弦，终身不复鼓。这是多么难能可贵的一段真情啊，人生难得一知己，千古知音最难觅。就好像世界上的一个我遇到了另一个我一样。

认真学筝的过程辛苦却又快乐，不知不觉中我有似曾相识相见恨晚的感觉。但是长久以来始终觉得自己音感没有第一次听到的那种触动人心的感觉。直到有一天一个同样学筝的朋友邀请我去她家玩，进门的第一眼就被她的筝深深地吸引住了，那是我见过最漂亮的筝，泡桐木漆的红棕色的亮漆，琴身雕刻着精美的花纹，优雅精致，幻想弹筝的女子温婉清新。这不就是我梦想中的筝么，忍不住轻抚上去，音色圆润饱满，让我有了一种从未有过的行云流水般的感觉，这才是古筝该有的魅力。

爱筝心切的我忙问朋友是从哪里得到的这样一把好筝，她说是她爸爸的朋友送给他的，为了鼓励她参加全省古筝大赛，而且这筝不是很容易得到的，只有兰考这个古筝之乡才出，连筝的名字都很好听，叫腾云。仿佛制筝的人想要弹奏者置身于腾云驾雾一般悠然自得。而且据说这个牌子的筝只为私人定做，还要预约很久呢，调琴的都是老琴，都很不容易出山的。听到这些话更是对这种筝垂涎三尺了。

我不想放过拥有这样一件珍宝的机会，央求了她很久，她才答应帮我找他爸爸的朋友。叔叔很热心，看我爱筝心切答应帮我订一台，我心里乐开了花，终于可以带着心爱的乐器去实现自己的梦想了，为了我心目中的传媒大学拼了。

功夫不负有心人，我以艺考分数前10名的成绩考入了中国传媒大学，也得到了老师们很高的评价，还特意对我的爱筝赞美一番，现在我已经成为了传媒大学音乐系的一名学生，正在享受美好的大学生生活，感谢古筝带给我的一切，有辛酸也有欢乐。谢谢它陪伴了我这么多年，我现在已经离不开这个老朋友了，也许每个人都会需要一个这样的知音，不需要说什么也不需要做什么，但是它却最懂你。（节选自新浪财经，http://finance.sina.com.cn/roll/20120313/153211578479.shtml。）

这篇文章最早大概是 2012 年 3 月份出现在新浪财经的，给人的感觉这是一篇抒情的文章，感情丰富，写作功底很强，估计到目前为止，你也没有发现它是广告。这篇文章的标题是：人生难得一知己、腾云古筝最难觅。如果没有标题提醒真的不容易看出来这篇文章是兰考腾云古筝的广告。这篇软文明显是经过策划的，整个故事都是围绕一把古筝写的，情节完整，富含亲情，很容易感染读者。除了打感情牌之外，幽默搞笑、有创意的内容也符合粉丝口味，内容可以少，但是要求精，如果说微博是求传播，那么微信就是求粘住，用内容来吸引用户，这是彼此建立信任的前提。有一天用户对你厌烦了不关注你了，何谈信任基础。地基不牢，大厦将倾。磨刀不误砍柴工，有了粉丝，不要急于卖货，粉丝是你的，交流越久对你的依赖越大。解决顾客疑问主要是回答一些产品专业知识，这个是硬指标。比较好的方法是，在回答顾客问题的时候，可以把一系列常见问题记录下来，整理成 WORD 文档，放在桌面，有顾客问到的时候，你复制粘贴即可，慢慢你会发现，顾客问来问去也就那么几个问题。成交付款环节之前，可以跟顾客通过电话沟通，这样真实感强，信任度高，使顾客付款更放心一些。付款方式可以是先打款，银行汇款、支付宝、财付通都可以，如果顾客不放心还可以货到付款，让快递代收货款。当然，如果懂淘宝，可以在淘宝开个小店采用担保交易的形式购物。快递发货问题，如果是货到付款，可以采用支付宝 COD，通过在支付宝开通 COD 代收货款就行了，里面有联邦快递、宅急送、顺丰、圆通等多家快递可以选择，每天发货量不限制，比月结客户还简单。如果是已付款的普通件，直接打电话喊快递取货即可。售后处理，主要是一些快递到货慢、货损坏、产品不满意等问题，这些问题比较常见，可以退货退款，也可以重新发货，或者退部分款，只要顾客要求不过分，根据客户要求来做即可。微信管理主要是客户管理，微信公众平台的 CRM 特点比较明显，在管理上可以借鉴传统的 CRM 管理，每天实时收集信息反馈和回复，整理登记。另外，微信上的 CRM 有社交的味道，需要给予人性化的服务。对顾客可以建立等级，分开层次，利用公众平台后台自带的分组功能就能轻松实现。关于顾客问题收集途径，可以培养一批个人微信号，混入粉丝的朋友圈、微群里面，潜伏下来，收集用户一线反馈。

4. 互动与感恩

互动是微信营销的灵魂，在朋友圈里，要让朋友圈好友知道你，当你的好友发了一些不错的内容或者信息，你不要吝啬赞和评论，评论字数不在多少，只要是中肯、实在、赞美、鼓励的，是正能量，总不至于让人家讨厌，如果不想评论至少也要点一个赞。其实发朋友圈的朋友，无非是想知道有多少人是在关注他，希望别人给个赞！如果你经常和人家有互动，至少混个脸熟，自然会对你产生好感，这个是非常重要的一个举动。学会感恩，不管是哪个朋友买了你的货，即使买的再少，你都要记得对人家表示感谢，哪怕是送一张贺卡、一句祝福话，人家能支持你，最少是信任你的，也许不是因为你的产品好，而是认可你的为人。所以你要有这样的心理，他的这次购买是欠我们他一个人情，能买你的产品是对你莫大的信任，不要伤害信任你的人。一个懂得感恩的人，才能得到人家的尊重和继续的帮助。

微信营销思路

1. 个性化建设，展现真实的自己

在微信上，尤其是你的个人微信，你尽可能展现你的最真实的一面给你的朋友圈。记住一句话：你做得再好都有人不满意。你只需要迎合一部分喜欢你的人即可，没必要照顾所有人的感受。为什么一些草根被很多人关注，其中很关键的一点就是，他所写的文章大多是他自己的真实故事和生活感悟，让人感觉很亲切。所以我们在微信上要多分享一些自己的生活点滴，个人喜好。可以谈谈创业初期是如何生存的，大学毕业是怎么找到工作的，在自己最困难的时候是怎么度过的等。当你的朋友圈好友知道的背后的故事时，慢慢地对你产生了兴趣和信任，一切就变得简单了。

2. 结识新好友，真诚交流

如果有人主动加你微信好友。不管出于何种，首先，你对每位朋友都要真诚，不要摆架子。其次，加了好友之后，没有交流过的，你会沉淀在他的聊天列表最下面，不会被想起，也不算是有价值的朋友，凡是愿意和你交流和沟通的，都有机会成为你的新好朋友，有机会和你合作，所以建议不要放过一个和你聊天的好友。

3. 黏住朋友圈，分享干货

术业有专攻，每个人都有自己的擅长。你既然想通过微信打造品牌，打造你的粉丝圈，你就要在某个方面有一定的特长或优点。比如，你懂电商，爱营销，会打扮、善写文章等特长，你可以时不时的与他们分享你的观点，一般关注你的人都是因为你的某个优点而去关注你的，每个人提供的资讯都不同，他人从中可能会发现价值。

微信营销"四要"和"四不要"

微信营销的"四要"如下。

1. 发布朋友圈要分时间段

人类行为是有规律的，对于浏览微信朋友圈的集中时间，一般是分为三个时段：（1）早上 7 点～9 点：这个时间在早餐前后，对于大部分人来说，第一件事就是看拿起手机看看微信有啥新内容。（2）中午 12 点～2 点：这个时间有空闲，属于午休时间，很多朋友趁休息的时候会顺带看看微信。（3）晚上 8 点至凌晨：这个是最高峰，最活跃的时段，大部分人都是在这个时段看微信，吃晚饭期间到睡觉前都是微信浏览的高峰期。在以上几个时间段，你可以发些有广告的软信息，和大家多做互动。

2. 广告形式要多样

广告时间大部分人都讨厌，如果对广告又无奈，只能硬着头皮看完，像央视天气预报之前的几分钟，大家都在忍。如果广告可以回避，多数人会毫不手软的点击屏蔽或关掉网页，现在一些视频网站有了屏蔽广告按钮之后多数人是直接选择屏蔽的，这是大家的习惯性心理。如果广告很无聊，又可以不看，那么你的广告会很失败。广告内容不要太死板、太单一、应该多样化，具有可参与性、娱乐性等。

3. 微信营销要有活动

通过活动营销，点赞送礼物、晒单有礼、挑毛病有奖励等，尽量让你的朋友圈活跃，让他们一起参与进来，形成氛围，积极互动。

4. 忍不住的时候要坚持

微信营销刚开始一般都没有什么效果，推广没那么顺利，对于新手来说更是万事开头难。你不能做了一个星期，就放弃，要坚持下去。不要好高骛远，方法总比问题多，这需要一个积累和沉淀的过程。微信营销"四不要"如下。

1. 不要刷屏

不管在 QQ 群、微博大家都不喜欢谁一直霸屏式的发信息。微信也是一样，打开朋友圈，好几条都是你发的内容，图片、文字，有的甚至重复，下拉几次还没找到新内容，一直这样你肯定危险了，人家不可能一直容忍你。建议 2 小时内不要超过两条微信朋友圈分享，并且要发不同形式的微信内容。

2. 不要只发广告

当你不能给别人带来价值的时候就不要轻易打扰他。如果你一直索取而不奉献价值，你可能要被圈子淘汰。不要总在朋友圈发广告。已所不欲，勿施于人。只发广告这是一个很大的忌讳，尤其是个人微信。应该生活和工作相结合，时不时晒一下生活的某个片段：今天去吃了海鲜，昨晚去看了电影等，最少让别人知道账号背后是个正常的真实的人，而不是只发广告的机器。

3. 不要忘记互动

交流才能碰撞出火花，博客、论坛、微博、QQ 空间、豆瓣社区、淘宝评价等，但凡互联网上能发表言论的地方，几乎都是可以互动的。如果一个网站只能看，不能发表评论，你会经常去吗。我们在做微信营销的时候不要忘了互动。从来不和微信上的好友互动，不赞也不评论人家的微信，也从不和任何朋友沟通，完全在自己的世界里，这样是做不好微信营销的。

4. 不要内容空洞

言之有物，而不是泛泛而谈。有的微信号一天要发布很多款式的产品，就没有时间和精力去用心地编辑每条信息，这就演变成了一个简单的信息复制、再发布的一个重复工作。如卖衣服的就是图片、尺码、颜色的介绍，其他就没了，很死板。如果每天可以用心地去编辑微信，每天有不同的花样、不同的形式来介绍你的衣服，朋友们或许觉得有趣，甚至认为关注你的微信很有意思，很有价值，可以学到很多东西，即使不买衣服，也不会对微主产生讨厌。微信营销，归结于是人对人的营销。首先要把自己推销出去，让大家对你产生好感，有了好的印象，自然才会有人关注、购买你的产品。所以大家在有了一定的粉丝之后，就要围绕如何在微信圈树立你的个人品牌、如何和大家建立一个良好的关系上努力，一旦你在朋友圈有了一个不错的口碑就有了信任，有信任之后，卖产品就是顺带的事。记住，以人为本，才是微信营销之道。

第四节　微信营销的安全须知

随着微信的日益火爆，因微信发生的不安全事件也越来越多。腾讯微信团队提醒，在使用微信过程中，应注意不要轻信陌生人，交友需理性。不法之徒可能会通过摇一摇、查找附近的人和你成为好友，用户可合理设置隐私权限，防止个人信息不当曝光。若通过微信与陌生人交友，应注意不轻易约见陌生人，如见面，可挑选公共场所并有亲友相伴。

一个新事物的产生，有好的方面，也必定有不好的一面。手机普及的年代，短信诈骗接二连三；QQ火遍大江南北的同时，网恋害苦了一批自制力不强的网聊人；微信如火如荼的今天，各种约见也影响到了现代家庭生活。保护再好，还是会有那么一些人中招，归根结底在于麻痹大意、侥幸心理、想贪小便宜。

通过微信，用户能收到最新的邮件、来自腾讯微博的消息、QQ好友的离线留言等，因为微信整合了用户手机联系人、邮箱、QQ、腾讯微博等产品功能。以前我们可能需要打开多个APP，现在用户只要将微信与QQ、邮箱、手机号进行绑定后，打开微信就都能搞定了。微信给用户带来的便捷是有目共睹的。但是在这样的便利背后，却又隐藏着众多风险，用户在使用微信的时候要格外小心。

（1）账号安全风险。用户的微信账号与手机、邮箱号绑定后，能够帮助用户找回密码。但是在注册微信账号的时候，建议尽可能不要共用一个账号、密码。比如，在创建微信账号时，使用手机号而不是QQ号（同理，在注册支付宝时，尽量不要用手机号做登录账户，以免手机丢了之后，支付宝被盗）。这样可以避免一个账号的信息被泄露之后，带来的连锁风险。

（2）行踪暴露风险。微信用户要适时关闭定位功能，定位功能的好处在于能够及时寻找用户所在区域周边的商业信息，但却会暴露用户所处的位置。用户使用摇一摇、查找附近的人功能时，系统会默认获取用户位置信息，并保留一段时间。建议用户在使用完毕后及时清除位置信息，在公共场合适时关闭定位功能。

（3）习惯性信任风险。微信"摇一摇""附近的人""漂流瓶"等功能，已成为用户最受欢迎的功能。"摇一摇"是指用户通过摇手机，能够匹配到同一时段使用该功能的用户。而"附近的人"能帮助用户查到其周围1000米以内的微信用户。在该功能模块中，通过地理位置服务（LBS），用户能够获取陌生人名字、头像、距离、地区、个性签名、个人相册等信息。

移动端与PC端的社交有一个本质区别，那就是前者是一种身份识别，即每台终端（如手机）代表一位用户的身份，而PC端上可能拥有多个用户。因此相比QQ而言，用户对微信的安全警惕性要低得多。

注册微信号有两种方法，可以使用QQ直接登录，也可以通过手机号注册。每个手机、QQ绑定一个微信账号，而现在用户每天最多能注册3个QQ号码。这意味着一人使用多个微信账号是完全有可能的。

微信采用的不是实名制，许多信息需要用户自己甄别。因此用户在交流过程中，一旦对方提及见面、钱财等敏感字眼时，一定要谨慎对待。

（4）信息被屏蔽风险。在微信的公众账户，用户能够关注明星、企业、媒体等公众账号，并与之建立联系。明星可以向用户推送信息，与自己的粉丝建立更紧密的联系；企业可以在微信平台上营销推广，通过微信创造线下商务机会；媒体则可以趁机拓展自己的读者群。

微信企业给用户带来的价值最为看好。以酒店定制为例，许多酒店会在微信上线会员卡，用户通过微信成为该酒店会员后，再去实体店进行交易时，就可获得一定的优惠。用户还可以直接去实体店扫描二维码获取优惠券。

另外，用户可以通过微信"发送位置"向公众账号"订酒店"发出自己的位置信息。然后，该账号会回复离用户位置最近的三家酒店信息，用户直接点击酒店信息里的电话号码即可预订酒店。

但公众账号会带来一定的问题，如一些无价值的信息推送会影响用户体验。消息栏中，时不时弹出公众账号的即时信息，次数多了会让用户感到厌烦。现在的微信已做到将公众账号与好友的信息分离，公众服务号目前一个月发 4 条信息会出现在好友列表里，订阅号能每天发送 1 条则都在订阅号栏目里，没有特别提示，点击进入才会看到未读信息条数。

微信虽然已经开放了接口，但公众账号的运营者只能获取用户的账号，无法得到具体的昵称、头像、签名、好友等信息。另外，用户如果实在感到厌烦了，可以选择不接收其信息，类似于 QQ 群屏蔽群消息的功能。当然，如果关注者不堪骚扰，可能会选择取消关注，这样平台就有掉粉的风险。

微信与微博不一样，微信是一对一的封闭式沟通，到达率几乎为100%，每一条无价值的信息都会对用户进行一次骚扰。因此，用户在关注公众账号时，必须坚持少而精的原则，选择关注真正喜欢并能给自己带来价值的公众账号。

（5）第三方网站风险。不论是朋友圈分享还是公众平台推送的第三方链接地址，有选择性地谨慎打开，谨慎使用算命（前世身份）、测运、评分等小众应用及在线服务网站，这些网站在测试过程中，要你填写姓名、出生年月、手机验证等内容，无形中掌握了你的个人信息，有个人信息泄露的风险。对于一些不明二维码，不要轻易扫描，容易后台静默安装第三方劫持软件，造成不必要的损失。

（6）免费 WiFi 陷阱风险。免费 WiFi 有风险，不管你信还是不信，各大新闻有相关报道，很多手机用户习惯性设置的都是自动搜索 WIFI

信号，当有信号的时候就会自动连接，这些WiFi本身会推荐一些"危险"钓鱼网站以及在用户使用支付的时候，很容易被记录账号密码，这在技术上不是什么难题，何况对于早有准备的黑客而言，仅仅需要15分钟，就可以盗走一个账户及密码。

在使用微信"摇一摇"、"附近的人"、"漂流瓶"功能时，用户一定要提高警惕，在与陌生人交流的过程中保护好自己的权益。以下是笔者总结的几条经验，供微信用户参考：

一般的微信用户在使用微信时，要注意三无用户（无头像、无相册、无签名）尽量不要添加。此外，许多不法分子会用养眼的网络图片包装自己，头像、相册均为美女帅哥型的也请谨慎添加。不要相信天上掉馅饼的事，如果非说有，很可能是鸟粪或者陷阱。

不要轻信微信中出现的一些敏感字眼。一旦涉及金钱、见面等字眼时，千万要慎重对待。百度上类似这种被骗财、骗色的案例数不胜数。凡是脱离"社交"本质的话题，用户都应该谨慎处理。

遇到可疑用户要及时举报，以免自身受到伤害的同时，让他们又去伤害其他微信用户。点击陌生人后，用户可以选择"打招呼"、"举报"。对于一些涉嫌诈骗、发布不良信息（或其他）的账号，用户千万不能纵容，一定要举报。在经过微信官方核实后，该类账号会被处理，情节严重的会被永久封号。

用户在使用微信的时候，对一些陌生链接尽量不要点击。2012年11月，"微信病毒"开始流行，其实质是盗号集团利用一批被盗的QQ号登录微信，进而向好友群发钓鱼信息。用户一点击其中的链接就可能中毒、被盗号。不过，现在网站链接已经在腾讯安全数据库中列入黑名单了，用户是打不开的，而对于一些无法识别的网站链接，微信会提示用户点击风险。在尝试点击之前，一定要小心为好。

对于微信好友发来的涉及汇款、转账的消息，一定要先打对方电话确认之后再进行操作，防止对方账户被盗冒充好友诈骗的现象发生。对于不熟悉的人发来的模棱两可的信息，一定要有怀疑的心理，求证之后再做处理。

由于微信能够与邮箱、QQ、微博进行绑定，因此其他账号体系中的盗号问题，会对微信带来一定的安全隐患。目前，利用熟人社交的信任实施诈骗，已成为不法分子的惯用手段，因此用户应当格外警惕，从信息安全、个人安全、个人隐私等方面都要进行防范。

第五节　微信功能的深度开发

技术对移动互联网企业来说永远都不是问题，但是必须要知道如何做才能符合微信的特点。建议有 HTML5 能力的 APP，尽量将 App HTML 化，对于非互联网品牌企业也是一样，建议做 HTML5 网站，客户端的推广渠道很窄，而且成本很高，HTML5 访问便捷，传播速度快，通过微信也能直接跳转，从而实现流量转化。

如果实现 HTML5 有困难，可以将微信开放接口打通，设定好用户获取规则，实现在线服务。类似艺龙微信预订服务，好的程序员 4 个小时就可以搞定，建议 APP 提早布局。而微信的开放平台就提供了一个 APP 开发的机会。

APP 是英文 Application 的简称，由于 iPhone 等智能手机的流行，现在的 APP 多指智能手机的第三方应用程序。目前比较著名的 APP 商店有 Apple Store，Android 的 Android Market，诺基亚的 Ovi Store，还有 BlackBerry 的 BlackBerry World，以及微软的应用商店。

目前主流的 APP 版本有：苹果系统版本 iOS；塞班系统版本 Symbian；微软 Windows Phone；安卓 Android。随着智能手机和 iPad 等移动终端设备的普及，人们逐渐习惯了使用 APP 客户端上网的方式，而目前国内各大电商均拥有自己的 APP 客户端，这标志着 APP 客户端的商业使用已经初露锋芒。现在，APP 已经不仅仅只是移动设备上的一个客户端那么简单，在很多设备上已经可以下载厂商官方的 APP 软件对不同的产品进行无线控制。不仅如此，随着移动互联网的兴起，越来越多的互联网企业、电商平台将 APP 作为销售的主战场之一。数据表明，目前 APP 给手机电商带来的流量远远超过了传统互联网（PC 端）的流量，通过 APP 盈利也是各大电商平台的发展方向。事实表明，各大电商平台向移动 APP 的倾斜也是十分明显的，原因不仅仅是每天增加的流量，更重要的是由于手机移动终端的便捷为企业积累了更多的用户，更有一些用户体验不错的 APP 使用户的忠诚度、活跃度都得到了很大程度的提升，从而为企业的创收和未来的发展起到了关键作用。现在用户基数较大、用户体验不错的几款客户端，本地服务的有：大众点评、豆角优惠、今夜去哪儿、丁丁优惠、艺龙在线等。

目前微信营销的转化率很高，建议 APP 类客户提早切入。企业要通过 APP 实现营销的体系构建。要提升被服务人群数量，关键是要从微信上导出流量，而要导出更多的流量，必然需要更多人的关注，关键在于推广运营。微信现在导流的方式基本以 Web App 方式进行，直接从微信基本无法实现到客户端的跳转，这是 APP 客户要考虑的问题，要在微信这个流量聚集地上提供服务，APP 要么与微信打通技术接口，像艺龙那样，能直接订房订机票；要么将 App HTML5 化，让用户顺畅地从微信跳转到该 APP 服务上，若这时候下载量还是考核指标的话，可以将下载链接放到 HTML5 页面上。

对于微信功能的深度开发是决定微信未来商业价值的关键，腾讯不会放弃这样的商业机会。对微信进行技术的深度开发，将是微信营销的一个重要模块。据可靠消息，国内最大的 .cn 注册商 DNSPod 和微信公众平台深度合作，即将推出微信绑定功能。同时，新增数据查询服务，只需一条命令，用户即可通过微信获取到相关信息。

对话即服务，或许就是微信公众平台的初衷。域名解析的受众群体小，互动性差。作为国内最大的域名解析商的 DNSPod 充分了解到这一点。DNSPod 推出微信绑定功能，绑定成功后，DNSPod 系统就可以自动发送微信通知给用户。同时，对话即查询。用户可以通过微信获取很多需要登录到网站上才能得到的信息，如旅游、天气、酒店预定、Whois 信息，甚至修改 NS 记录。

首批入驻微信的美丽说等 APP 应用成为新来客，其后众多应用蜂拥而至。2012 年 5 月 15 日，微信正式开放注册开发者资格，第三方开发者可以在微信开放平台的官网上，通过登记应用，获取专有 APP ID，上传应用后，等待系统审核即可。

任何开发者都可以在申请微信授权的 APP ID 后，无条件调用、分享这些被称之为"基础设施"的关系网。微信的核心关系库，被开闸放出并和各种 APP 共享，开发者可以快速提升品牌知名度，或者提早实现商业价值和盈利目标。微信则因为开放元素的加入，正在成为"一种链接各种互联网产品并实现内容在关系链中流动的基础服务"。

目前开放平台的接口和文档在 open.weixin.qq.com 上都很详细了。腾讯对开放平台接口模块更新比较缓慢。估计主要是将精力放在微信公众平台的营运和调整中。不过最近官方会陆续开放一些做好但还没开放的接口，例如将 web 内容分享到朋友圈。只是没放出资格申请，接下来会陆续放出。毫无疑问，朋友圈无疑已经是微信社交体系最火的一块。

微信开放平台催生了一个由微信平台、开发者、用户构建的生态圈：微信提供接口和数据给开发者，调动开发者的想象力和激情；开发者借助这些接口和数据优势，推广优质应用；用户积极尝试产品，催生更好、更多的应用。

近期微信公众平台的出现也让微信更加火爆，让每个用户都可以打造自己专属的媒体平台，一时间数百家媒体与公司机构涌入，将这里开辟成为除微博官号外的另一大互联网营销战场。腾讯官方称，微信公众平台的定位是"为用户、媒体、企业等提供一种全新的互动沟通模式，以及通过自由平台打造一种全新的阅读模式和体验"。而微信公众号强势推出后带来的全新微电商 O2O 模式也一时成为众多专家热捧对象。目前腾讯在发力打造微信"二维码＋账号体系 +LBS+ 支付＋关系链"的新模式，并且已经初见成效。

除此之外，利用微信自定义回复操作的商家也越来越多。众所周知，微信公众平台非认证号一天只能群发一条消息，认证号一天最多也仅能群发三条消息，究其原因主要还是怕对用户进行骚扰。目前微信公众平台的自定义回复不超过 200 条，已经有很多公众号利用这个做出很有意思的微信文字游戏。例如，某网店做的自定义回复，利用关键词规则，通过数字来让粉丝互动选择产品，这个就是很好的模式。首先通过网店来吸引潜在用户，再通过潜在用户的互动，了解他们的需求。对明显有订购欲望的客户，直接通过微信给联系方式或者快递地址选择到付，促成交易，非常简洁，成交率也会大大提升。

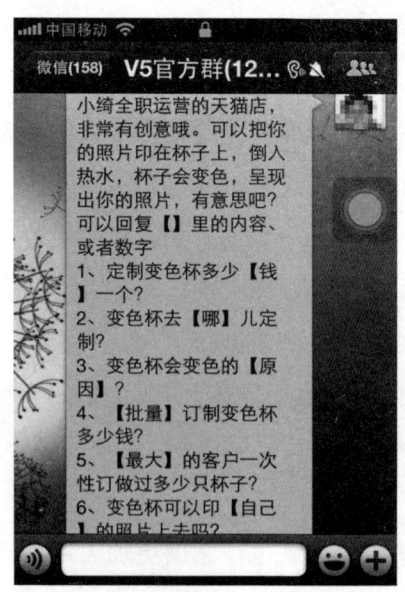

例如，天猫的双十一活动，各种宣传全面启动，声势浩大，甚至还通过微信平台来推广。为此策划了五折先生的概念，运营者通过微信的自定义回复功能，让天猫微信号的粉丝们参与互动。从找天猫开始，到迷宫，回答问题，逐步提升，最终只有幸存者来完成闯关游戏，获得大奖，从而取得很好效果。不过由于总共只能设置 200 条回复，所以运营中还是有一定局限性，所以微信公众平台对于第三方自定义回复的开放显得尤为重要。

白鸦倾力打造的"逛"和快捷酒店管家推出的"订酒店"都成为微信公众平台开放 API（Application Programming Interface，应用程序编程接口）的首批用户。白鸦早期就已经在微信推出后提到微信不能承受之"轻"的观点，阐述了对微信产品的担忧和期待，不过这次它率先和微信开放平台达成合作，接入微信公众平台第三方回复 API，把原先的自定义回复变成了关键词搜索图文回复，比如用户现在关注"逛"这个认证微信号，输入任意商品名称，就会回馈用户需要订购产品的关键词，这样再结合其精美的客户端最终完成商品的订购。如果运营得当，将会成为一个完全基于微信公众号的商城，通过和微信号互动，推选优秀产品，让用户更快完成订购，或将在微信电商领域开拓一番新的天地。

另外一款率先接入微信开放平台 API 的是由快捷酒店管家推出的"订酒店"微信号，现在订酒店已经通过微信的官方认证，输入"订酒店"或者"innteam"都可以找到该应用。该微信号确实实现了查询酒店、在线预订和订单管理的功能。比如，输入上海，就会出来上海相关的酒店清单链接，然后可以再输入浦东张杨路，那么就会快速找出张杨路附近的酒店，而且该微信还提供了网上预订的功能，用户只需要输入入住人的姓名、身份证号和手机号就可以完成预订。

微信的开放平台为微信的二次开发提供了无限可能。微信的开发者可以根据微信的即时性和 LBS 的定位功能，实现很好的客户体验。相信在不久的将来，将有越来越多的微信应用出现在微信平台上。

相信随着微信开放平台各种功能的完善，会有更多加入微信开发者大军的团队，而微信开放带来的全新微电商模式或将成为微信在高速发展道路上的又一重大里程碑，让我们翘首以待。

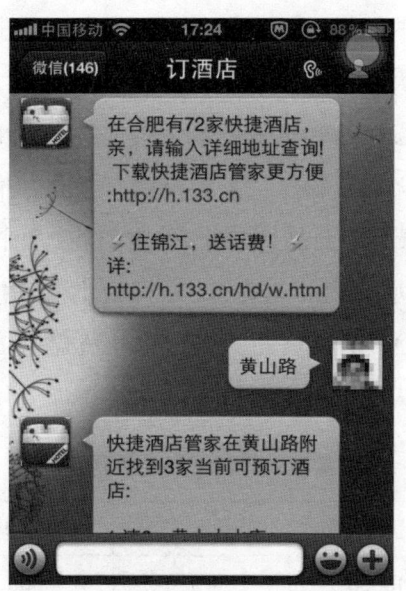

　　像最初的QQ一样，微信还有很多地方需要完善。QQ每年都会有新的版本出现，每个版本都会出现一些新的功能、优化一些旧的特性，这符合一般事物发展的规律。微信也会这样，随着版本的升级功能也会越来越完善，各项设置会越来越人性化。腾讯对微信的期望更高，不只是社交，也不屑于O2O，更抱希望于移动平台战略，希望微信成为移动端综合性入口，这就意味着腾讯要摸索走出一条创新之路，不管怎么变化，万变不离其宗。未来的微信一定是开放的、共享的，目的是更好的服务于移动互联网用户。

　　大数据时代离我们越来越近，传说中的物联网也开始浮出水面，网络新词每天都在出现，科技发展带来更多的新鲜事物。在未来，大数据与移动互联网联姻，微信营销价值将会更多的体现出来。

第六节　如何评估微信的营销效果

　　对于如何开展微信营销，很多企业都有了一定的认识。但是，对于如何衡量微信营销的效果，如何衡量营销的投入产出比，如何配置微信营销的资源，目前大家的认识都比较模糊。

有一个实际的微信营销案例，一个淘宝卖家 2012 年双 12 做的微信营销推广。该卖家无微信粉丝，需要借助其他大号推广，前一日总共选取了 10 个与该卖家所售商品比较符合的微信公众平台草根大号，活动主题为"双 12 微信用户商品免费送，送完为止"。用户点击图文专题后，跳转至淘宝卖家 WAP 购买页面，当日总共覆盖了 100 万微信用户，点击量 4 万，实现购买 500 单。其推广效果测评如表 4-1 所示。

淘宝卖家微信推广效果测评表

推广粉丝数	获得点击数	点击率	成交单数	获得粉丝数
1000000	40000	4%	500	10000

微信具有很强的媒体属性，不同用户参与活动的方式和查看微信内容的习惯也有所不同。微信对于商家来说作为一种传播途径，能实现这样的效果已经很不错了，对于商家品牌和销售来说，无论微博还是微信，还是传统媒体营销活动，都只是一个营销的助推器。营销还需要进行整合，只有全盘的多渠道的营销推介，才能真正达成自己想要的目标。

另外一个案例是某公司给一个大型活动微信公众号做账号代管，该活动拥有很强的关注度，之前一直通过微博发送最新的活动信息。微信公众号开通后，微信用户可以通过微信随时获取最新的活动信息。用户利用微信消息接口，做了深度开发（微信公众后台只能定制 200 个自动回复规则），经过用户开发则可以无限添加，并且与该活动数据库进行了打通，用户输入想问的问题，数据库便自动返回结果。从用户与消费者沟通渠道上来看，微信公众号的开通，让自己的消费者有了一个零距离与自身互动并获取信息的新渠道。

要在微信上做推广，找草根大号资源，推送图文信息，发送自己活动页面是可以的。就算不做活动，开通公众账号，为自己的客户提供一个新的信息发布及客户沟通渠道也是必需的。若是 LBS 和地理位置息息相关的客户，可以借助个人微信账号，集中对活动目的地周围的人进行打招呼推广，现在这种方式效果很好。

若是品牌，可以由品牌代言人坐台聊天。若是电商，可以做免费送活动。当然，关注即送礼品之类也是可以的。活动策划好之后，可以在互联网上、微博上发送公关稿，让众人知晓以获得更多的关注，微信现在属于社会新闻焦点，有新意的活动策划足以吸引新闻媒体的自发报道。

衡量微信营销效果的方式有很多，但是始终离不开一个评估标准，那就是数据。用数据说话，让数据证明，并且这个数据是要具体的数字，而不是梗概。例如，微信内容承载页的点击数（移动端流量）、粉丝增长数、销售额等。点击和销售额是业内已经比较成熟的检测手段了，那微信的粉丝真假如何衡量呢？其实也很简单，新进一批公众粉丝后，可以看看承载页点击率有没有降低，粉丝每日的自动消息一对一请求率有没有减少。

微信营销是越早做越好，越早成本越低。如果其他的企业客户已经架构好微信营销，那么进入成本就会越来越高。一直备受业界推崇的艺龙在新媒体上的成功营销源于切入时间早。艺龙现在新浪微博拥有 1400 万粉丝，据传总共花费不到 400 万元，每天为艺龙带来 1/4 的销售额。而这一切，都是因为及早切入的缘故。携程、去哪儿等后来者，则花费巨大，却为何在微博盛宴中失机？因为用户对各种各样的微博活动厌倦了，没有人再会为了得个 iPone 手机而疯狂关注并 @ 好友了。而艺龙靠几十台 iPhone 手机，初期就获得了几百万粉丝。新媒体最新出现的时候，企业就应该马上进入，并且不应该在乎人群细分。新媒体是一个新的战场，不要对这个战场做人群细分定位，商家应该做的是立刻跑马圈地，圈好地了，再做转化。

从微信的产品架构和商业模式上看，微信营销价值的释放是一个相对缓慢的过程，需要营销人对微信平台有较强的运作和策划整合能力，同时，微信营销效果的显现还需要企业对微信平台的二次开发，在此基础上才能形成真正的营销价值。

05

微信达人们是如何抢占定位优势的

哪些人已经成功使用了微信？他们是如何玩转微信营销的？哪些企业已经抢占了微信营销的先位优势？他们是如何最大限度地发挥微信营销价值的？向已经成功使用微信营销的人学习微信营销的技巧和方法，能让我们的微信营销更具价值。微信营销已经来袭，你准备好了吗？

第一节　微信营销都能干些啥

　　微信营销与微博营销的区别在于：微博营销重在传播，微信营销重在互动，一对一的互动；微博营销重内容、重推广，微信营销重技术、重服务，以及开放接口后的深度开发程度。微信营销涉及更多的人工和技术开发，成本相比微博营销要高很多，但是投资回报率却高得惊人，因为它是移动互联网入口，用户黏性超高，一对一传播到达率100%。

　　微信正在迅速地入侵我们的生活。从20世纪90年代的电话拜年，到2000年代的短信拜年，再到2013年春节，很多微信用户选择用微信拜年。2013年2月5日，在蛇年新春到来之前，微信正式发布了4.5版。作为2012年春节最新潮的拜年工具，此次新版微信带来的语音聊天室再次刷新过年新玩法，酷似对讲机的群聊唠家常、讲八卦、组织聚会让众多网友跃跃欲试。据悉，除了主打语音聊天室功能，微信4.5版在语音系统功能上同时推出语音提醒和摇一摇搜歌功能，让网友过足语音瘾。而公众账号新推的自定义界面则将为用户带来更轻更快的互动体验。有业界人士认为，以微信用户规模和产品创新积累的速度，微信4.5版开始在语音功能上进行深度研发。据悉，新功能"语音提醒"的整套语音识别系统源于微信自主研发，微信将有望引爆这一领域的未来发展。广大网友们则将娱乐精神进行到底，已经总结了"群聊杀人游戏"、"摇一摇抽奖"等十大玩转微信 4.5 的新春攻略。

"春节到来前，人还没到家，饭局却已安排得满满的了。好友们都分散在各地，聚会地点、时间、人员怎么商量？"有网友表示，微信 4.5 带来的语音聊天室可谓来得相当及时。作为此轮版本更迭中最大的更新，语音聊天室在内测阶段就已备受瞩目。与对讲机类似，用户可以通过语音聊天室和一群人语音对讲，但与在群里发语音不同的是，这个聊天室的消息几乎是实时的，并且不会留下任何记录，在手机屏幕关闭的情况下也仍可进行实时聊天。参与群聊的成员不能同时启动话筒，要发言就要"抢麦"，有网友已经尝试通过此功能玩"接歌词"、"猜歌名"等游戏，大呼过瘾。

据悉，该产品设计已申请了专利，而这一极富创新意味的功能也将有更大的应用前景，如叫出租车、团队旅行、团队协作等。"个人认为它非常适合自驾游等群体活动时进行联络，传统的对讲机一般到了高速公路上就废了，而微信走的是移动数据通道，不存在这个问题，并且它既节省电量也节省流量。"有网友表示。目前已有一些互联网企业开始通过微信群聊开年底总结会议，方便快捷的语音对话深受管理者喜爱，很好满足了群体微信的需求。

国外有一幅漫画，很形象地表现了现代社会不同沟通方式和亲密等级之间的关系。亲密等级从 10 到 1 是递减的关系，并且亲密等级越高图片的色调越深，色温也呈逐步上升的趋势。

从图中可以看出，面对面和视频聊天是亲密等级最高的两种沟通方式。而其他的沟通方式因为有时间和空间的限制，或者只能在点对点传播和点对面传播中选择一种，沟通价值得不到极力地彰显，用户体验达不到理想的状态。

　　业界知名人士大胆预言，微信来了，沟通世界的变革还会远吗？微信来了，短信能不颤抖吗？微信称得上是第 11 种沟通方式。微信的传播是点对点和点对面的结合，选择和你的好友微信，这种沟通是点对点的；开启"附近的人"，周围的人都可以通过微信找到你，并和你打招呼，这种沟通是点对面的。

　　此外，微信的亲密等级是最高的。微信具有视频功能，拉近了人们沟通的距离，沟通方式是立体化的，涵盖了文字、语音、图片、视频，和其他沟通方式相比，满足了人们不同的沟通需求。微信亲密等级高还体现在 SNS 特质上，微信和 QQ 好友、腾讯微博、手机通讯录是完全打通的，在这一点上别的沟通软件无法企及。

　　微信的未来是什么？

　　关于这点互联网评论人士看法不一。有人说，微信会替代传统的短信息，成为日常沟通的必备工具；有人说，微信是未来移动互联的代表作，将是手机终端的霸主；也有人说，微信将取代移动通信供应商，成为人们日常沟通的主要途径。未来的微信会如何，让我们拭目以待。

　　拍照、搜集图片、编辑文字……最后点击"群发微信"，更新微信、发布动态消息如今已经成了一些商家除发微博外的另一日常工作。一些女装店更是借微博积累了一定的知名度后，纷纷转战微信，开始点对点服务，在提升客服质量上做起了文章。更多的微信用户希望通过微信的方式，提升服务客户的质量。微博营销对很多商家来说，已成为日常推广的重要渠道。同时，消费者的选择也愈加多样化，微博上的竞争也随之升级。开了十来年女装店的王小姐就热衷在微博上发布新品款式，很快就小有名气。"名气大了，询价的人多了，但购买的还是以老客为主，反倒是同行盗图、探价套话愈加泛滥了。微博是个曝光率极高的公共平台，商家的一举一动可通过转发快速传播，但也很容易沉底于海量信息中。"

　　同样开服装店的小薛，喜欢用微信跟朋友沟通，也爱在微信朋友圈发些店内新款服饰信息，常有朋友因此下单购买。"后来干脆把营销重心从微博转移至微信，建议到店的客人加自己微信，定期发布新款信息并配合群发微信提醒，针对性增强，成交率自然就上升了。"

近来像小薛这样转战微信的小商家并不少。现在，许多女装店在微博上更新少了，"详细信息请加微信号"的字样则越来越多。有店主表示："微博市场渐趋饱和，知名度有了，接下来就得在提升客户质量方面下工夫。微信受众范围虽不广，但其具有私密性及针对性的特点，更适合点对点的服务。"

温州市区第一桥、欧洲城的多家女装店，几乎每家业主都有微信，且一般都建议顾客加微信了解新款信息。除女装店外，餐饮、摄影等行业的商家也纷纷建立各自的微信平台，通过简单的拍照上图、发送活动微信，在客户群中有针对性地发布店铺信息。

有商家走起专业微信营销路线，拍照、搜集图片、编辑文字、制作图文结合的产品介绍页面、定时群发微信……森活手工屋店主小林，每天都要在电脑前花上半天时间，做着类似网页编辑制作的工作。"对一些商家来说，微信营销尚停留在上传照片、发送店铺活动文字信息上。其实，微信营销还可以做成智能人工平台，除定时发送图文结合的产品信息外，还能对客人的微信提问进行自动回复。"小林每天都会对群发的微信做一个安排表，准备好文字素材和图片素材，可以是近期手工课程，也可以是手工产品的最新资讯，通过微信网页编辑生成页面后，便可点击群发。同时，还可通过设置对顾客提问进行自动回复。"这些工作在前期比较繁琐，但做好了就能进行一对一的服务，针对性很强，参加我们手工课活动的客人，大部分来自微信报名。"对于自动回复的编辑，前期工作相对繁琐，但是对于全局，几乎可以说是一劳永逸，像是编辑淘宝宝贝描述页一样，一般情况下只需编辑一次，即使之后修改也不会有大的改动。小林还在店铺名片上加印了微信二维码，让顾客通过扫描微信二维码获取优惠信息，"一来促进了客人添加店铺微信的积极性，二来也更容易发展成长期客户"。

当然以上只是微信营销的一个缩影，微信营销不仅仅是向客户展示企业的产品，更重要的是通过微信营销可以更有针对性地开展营销活动，做好客户管理及客户服务工作。

在顾客扫描二维码之后，商家与顾客就产生了联系，这个联系的纽带就是微信平台，准确的说是商家的微信与顾客的微信有了直接联系，通过商家发布的相关信息，顾客在自己的微信端看到信息一次或多次后，产生印象、感觉，开始对商家有认知，当顾客有咨询或者互动的时候，两者便有了关系，当顾客参与活动的时候两者关系更近了，当有过一次购买之后两者关系就又近了一步并开始有交叠部分。

微信最大的价值不是成交，而是维护，最能释放微信价值的阶段在于通过信息推送对客户一次次的教育。在通过线上或线下的一系列手段，把顾客吸引到微信平台上之后，对其自动回复、消息推送、一对一回答等，其目的只有一个就是吸引顾客，吸引顾客认识我们产品或服务的价值，同时顾客在信息获取的过程中不自觉地与微信平台建立了黏度，这种黏度含有期待、信任、依赖，当我们推送关于产品或服务的资讯时，潜意识会引导他们做出信任的判断，无形中形成了黏度和信任的传递。随着移动网络技术的开展，网速越来越快，3G 的遍及、4G 的引进，让移动设备上网成为一种更便利的工具。而智能手机、平板等之类的移动端的遍及，更是加快移动端开展的脚步。移动互联网时代就是移动电子商务的时代。2014 年 3 月，腾讯开放微信支付功能，目前支持：微信公众平台支付、APP（第三方应用商城）支付、二维码扫描支付。再加上微信商城的开发，微信作为时下最热门的社交信息平台，也是移动端的一大入口，正在演变成为一大商业交易平台。微信商城系统，有着以下优势：

（1）每一个微信粉丝都是潜在客户，有多少粉丝就有多少潜在顾客，让企业把握更精准的客户信息，并可推广个性化信息给客户。

（2）与消费者近距离触摸，弹指之间就可以实现交流，让消费者对企业更信赖、更依靠。

（3）打破时间、空间的限制，让客户随时随地畅通购物。

（4）随时随地微信下单、支付，让客户购物更快捷、时尚。

（5）微信用户规模巨大，微信已经超过 6 个亿的用户，未来可以到 10 个亿不会有什么疑问，企业不需要担心用户规模和市场的问题。

（6）投入成本低，不需要开发客户端，更不需要担心技术问题，目前微信商城技术已接近成熟。

（7）用户黏性高，对于微信用户来说，企业的商城应用是包括在微信号里面的，不占用手机空间，不会导致系统变慢，不占用手机桌面，不影响用户体验，用户更不会轻易卸载微信。

第二节　如何让你的微信成为焦点

微信在刚推出之际，其功能主要是用于网友之间互相聊天。后来，随着微信功能的不断完善，在推出公众号后，微信营销的价值才逐渐显现出来。微信上活跃的公众账号类别有三类：名人、草根和企业。

名人微信公众号基本以广播功能为主，虽然有时候也会有一些互动，但一看就是设定规则自动回复的，而且不是用微信开放平台接口做出的智能机器人做的回复。

微信草根大号的主力主要来源于微博草根博主，这些草根大号都在微博营销的浪潮中赚得了真金白银，所以奋力扑向微信。微信草根大号的玩法主要以内容推送为主，粉丝量最高的已经有 100 多万了，他们的玩法还是以内容取胜，而微信也需要草根大号贡献内容，填充除了用户通信聊天以外的阅读需求，目前的盈利模式为直发群发广告信息给粉丝，方法相对比较简单，以推送信息为主，当然这样的方式容易造成掉粉。

企业公众号现在玩得好的有星巴克、招商银行等，手段基本以发送促销信息为主，偶尔搞一些小互动，如星巴克自然醒活动配合线下消费等。在这些企业账户中，招商银行是较早从事微信营销的企业，招商银行的爱心漂流瓶活动，极大地传播了招行的品牌价值，同时更为招行增添了几十万粉丝。招商银行又对微信接口做了深度开发，推出了微信查余额服务，引领微信营销的新浪潮。企业有利益驱动，相比草根大号又不存在资金限制，花几十万就能得到几十倍的营销效果，在微信上理应付出更多，做得更深。

名人做自媒体，更多的是聚集已有粉丝，获得更多曝光；草根做微信的目的自然不用多说，在微博中赚了钱的草根，相信微信自然也能赚钱；而企业做微信，更多的是相信微信营销为企业带来的营销价值，一方面可以提升品牌的曝光率，另一方面可以与目标消费者进行充分的互动，还可以做好客户管理，为后续的营销活动做好铺垫。

微信的用户数量已破3亿，它对人们生活的影响可想而知。微信在企业管理方面究竟能够发挥多大的作用？有人为此走访了酒店业极为发达的东莞市，并从三正半山酒店找到了答案。据了解，塘厦三正半山酒店于2012年3月正式推行微信管理模式。在三正集团助理总裁兼塘厦三正半山酒店总经理戴俊明的积极推动下，该酒店的行政办建立了"塘厦三正半山酒店微信群"，微信群的群友是该酒店的总经理级人员、各部门负责人及行政办公室人员。

对酒店而言，建立微信群有利于酒店各部门信息共享、及时沟通、协调工作及处置紧急事件，进一步提升管理效率和执行力，最终提升酒店的服务质量。

以EOD（值班经理）、AM（大堂副理）的管理工作为例。该酒店在应用"微信管理"模式之前，EOD、AM值班时发现问题，都需要逐一打电话告诉相关部门及领导，甚至要经过一轮反复描述，问题才能得到有效解决。在应用"微信管理"模式之后，一旦发现问题，只需拍张照片加以简单文字说明，发到微信群，酒店的管理当局及各部门便会知悉并立即跟进。如此一来，既大大节省了沟通时间，又有利于及时解决问题，更体现了高效的酒店服务。

酒店表示，每天的 EOD、AM 值班日志会由管理人员在值班当晚（11 点前）发布于微信群，各部门通过微信群能第一时间及时跟进处理，并于次日行政会议上，有所准备地对问题给予答复。酒店总经理或执行总经理对 EOD、AM 值班日志作出的批示，也会同时在微信群上公布。

此外，"微信管理"模式对酒店的其他管理工作也有很大促进。例如，酒店的日常紧急会议通知可以通过"微信群"发出，行政办负责人无需再像以往那样一一致电与会人员。管理层一旦有值得分享的工作经验或管理问题，可以通过微信与员工共享，有利于员工更贴近管理层的思想，将管理层的理念执行得更到位。

经过半年多的试行，酒店更于 2012 年 10 月正式颁布实施了《塘厦三正半山酒店网络群（如微信等）管理规定》，对于微信的使用，做了更加明确的规范。酒店通过"微信"创新性地提升了日常工作效率和团队执行力，更好地为客人兑现高效优质的星级服务承诺。与此同时，"微信管理"模式也正在普及到三正酒店管理公司旗下的其他酒店：樟木头三正半山酒店、桥头三正半山酒店、莆田三正半山酒店都开始了这种管理新模式。

微信原本只是普通的社交软件，但落在精明的、有创新意识的酒店管理者手上，就能变成酒店创新管理的新工具。从塘厦三正半山酒店成功应用"微信管理"模式来看，微信是酒店管理的新"利器"，只要将微信的功能发挥到极致，就能为酒店管理带来不可估量的正面效应。

由于微信的信息传递是一对一的模式，因此，对于如何让微信更多地曝光显然与微博是完全不同的。微博发布一条微博可以让所有的粉丝都看到，而微信如果没有针对性地发送，则粉丝都看不到。基于微信这样的功能，微信的用户就应该开展更多的营销行为，以成为其他用户的焦点。

"强制性"的曝光。微博营销本身的曝光率是极低的。推广信息很容易就被淹没在微博滚动的动态中，除非刷屏发广告或者受众刷屏看微博。信息的到达率可能是采用微博营销最需要关注的地方。而微信不同，微信在某种程度上可以说是强制了信息的曝光，前提是你先上了"贼船"。微信公众平台信息的到达率是100%，还可以实现用户分组、分地域控制在内的精准消息推送。这正是营销人士欢呼雀跃的地方：只需把精力花在更好的文案策划而不是不厌其烦的推广运营上。如此一来，微信公众平台上的粉丝质量要远高于微博粉丝，只要控制好发送频次与发送的内容质量，一般来说用户不会反感，并很有可能转化成忠诚的客户。

作为新兴的营销方式——微信营销，相信许多商家和营销者，都希望能够找到最合适的方式展开。在微信出现之后，许多商家都尝试用不同的方式来利用微信为自己的产品和品牌进行宣传推广。要让你的微信成为焦点，目前主要有以下几种方式。

利用查看"附近的人"的功能，让更多的用户发现你的微信

签名栏是腾讯产品的一大特色，用户可以随时在签名栏更新自己的状态签名。也有许多人利用签名打入强制性广告，当然有一部分用户会看到。但是这种单调的硬性广告，通常只有用户的联系人或者好友才能看到，那么有什么方式可以让更多的陌生人看到呢？结合微信的另一个特色应用，利用地理位置定位的查看"附近的人"便可以做到了。

在微信中，有一栏叫做"朋友们"，里面有个"附近的人"的插件，用户点击后可以根据自己的地理位置，查找到周围的微信用户。

微信中基于LBS的功能插件"附近的人"，可以使更多陌生人看到强制性广告。那么，我们可以假设，如果营销人员在人流最旺盛的地方后台24小时运行微信，随着微信用户数量的上升，可能这个简单的签

名栏会变成不错的移动广告位，让腾讯帮你打广告，是一个不错的选择。

开展品牌活动，利用漂流瓶功能，将更多的焦点聚集于企业微信

微信的用户逐日增加，因此不少大品牌也在尝试利用微信做推广。其中，漂流瓶便是商家看重的一个微信活动应用。漂流瓶实际上是移植于 QQ 邮箱的一款应用。该应用在电脑上广受好评，许多用户喜欢这种和陌生人简单的互动方式。移植到微信上后，漂流瓶的功能基本保留了原始的简单易上手风格。

漂流瓶主要有两个简单的功能：

（1）"扔一个"，用户可以选择发布语音或者文字，然后投入大海中。

（2）"捡一个"，顾名思义则是"捞"大海中无数个用户投放的漂流瓶，但是每个用户每天只有 20 次捡漂流瓶的机会。

O2O 折扣式曝光，让企业微信有更多的展示机会

"扫描 QR Code"这个功能原本是"参考"另一款国外社交工具"LINE"，用来扫描识别另一位用户的二维码身份从而添加朋友。但是二维码发展至今，其商业用途越来越多，所以微信也就顺应潮流结合 O2O 展开商业活动。将二维码图案置于取景框内，微信会帮你找到好友企业的二维码，然后你将获得成员折扣和商家优惠。

社交式营销

如果上面三种方式都不能够引起你在微信上做品牌推广的兴趣，那么接下来微信的开放平台或许值得你关注。

随着腾讯推出微信公众平台，那么微信的营销又将怎样变化呢？

1. 通过细化营销渠道，将信息推送给粉丝

通过一对一的关注，公众平台方可以向"粉丝"推送包括新闻资讯、产品消息、最新活动等消息，甚至能够完成包括咨询、客服等功能。后台的自定义分组设置，可以针对不同属性、特征的关注者进行分门别类，使以后的营销管理对象更为精准。可以肯定的是，微信在信息的用户推送与粉丝的"CRM 管理"方面要优于微博。尤其是微信立足于移动互联网，更使得微信成为尤为重要的营销渠道。虽然称微信为营销利器，但是精细化、个性化、一对一的营销无疑是在增加成功率的同时也会增加成本，但是经过营销设计后的微信营销效果绝对也会锦上添花。

2. 利用开放平台进行应用开发，加大曝光率

微信开放平台由第三方移动程序提供接口，可以让用户可将第三方程序的内容发布给好友或分享至朋友圈，第三方内容就可以借助微信平台获得更广泛的传播。实际上微信开放平台起到了汇集第三方内容，鼓励用户的分享精神和活跃度的作用，在这一作用下，很有可能演变为趋向个人生活化的服务平台。通过微信的开放平台，应用开发者可以接入第三方应用，还可以将应用的 LOGO 放入微信附件栏，使用户可以方便地在会话中调用第三方应用进行内容选择与分享。例如，美丽说的用户可以将自己在美丽说中的内容分享到微信中，可以使一件商品得到不断的传播，进而实现口碑营销。

3. 基于强关系的信息点对点传播

微信朋友圈有着天然的"朋友"属性，能出现在朋友圈的列表中，要么是经过彼此确认后添加的 QQ 好友、手机通讯录的联系人，要么是当面搜索或二维码扫描添加的熟人账号，出现在朋友圈的这些好友，本身有着可信任的基础。微信公众账号有且仅有一个被主动关注的选择，本身不能主动添加，并且关注者可以随时选择取消关注，经过"主动关注 + 随时取消关注"的这一淘汰机制优化之后，能留下来的都是愿意接受信息推送的人群。经过时间的沉淀和积累，关注者和平台之间很容易形成强关系。微信的点对点产品形态，注定了其能够通过互动的形式将普通关系发展成强关系，从而产生更大的价值。通过互动的形式与用户建立联系，互动就是聊天，可以解答疑惑、讲故事，甚至"卖萌"，用一切形式让企业与消费者形成朋友的关系。你不会相信陌生人，但是会信任你的"朋友"。

4. 利用微信公众平台开展互动式营销

对于大众媒体、明星及企业而言，微信开放平台以及朋友圈的社交分享功能的开放，已经使微信成为移动互联网上不可忽视的营销渠道，那么微信公众平台的上线，则使这种营销渠道更加细化和直接。微信公众平台每天有着固定数量（不论账号是否认证，目前是订阅号1天只能群发1条信息，服务号1个月可以群发4条信息）的群发推送机会，平台自身的关键词自定义回复规则，后台还可以一对一针对性发送聊天信息，这些都非常有利于互动式营销的开展。这个时候，我们可以用群发的形式推送大众化需求的信息，希望其最大化传播，当然要与我们的平台运营相关；对于自定义回复的规则，可以设置一些相对小众化、被经常关注、咨询率高、回复率高的内容，这样省去人工的繁琐，并且由于是关键字自动回复，具有很强的及时性，提高效率的同时，还会有超好的用户体验；对于一对一针对性聊天，目前官方的授权是只保存最近5天的消息，超过5天的只能等下次用户互动的时候才能再回复，只要有专员负责消息管理，一般都不会错过这么久。

5. 主打官方大号，小号助推加粉

很多商家在尝试做微信营销的时候都是采用小号，修改签名为广告语，然后再寻找附近的人进行推广的方式。作为一种新兴的营销方式，商家完全可以借用微信打造自己的品牌和CRM。因此笔者建议采用注册公众账号，在粉丝达到500之后申请认证的方式进行营销更有利于商家品牌的建设，也方便商家推送信息和解答消费者的疑问，更重要的是可

以借此机会免费搭建一个营销平台。小号则可以通过主动寻找附近的消费者来推送大号的引粉信息，以此将粉丝导入到大号中进行统一管理。这一做法，有很多优势可以发挥出来，微信个人账号有着公众号没有的优势，比如，多种渠道主动添加好友，分享朋友圈的数量几乎不限制，个人微信账号目前不需要也不支持认证，好友数量没有明确限制（2014年5月22日《京华时报》报道，微信好友上限5000人，腾讯方面向记者证实，微信确实在限制基于通讯录的好友，个人用户的好友上限是5000个。即使原来的好友数量已经超过5000个，其在朋友圈所发的文章也只能随机发给其中5000个人）。不过这个可以用多账号操作的方法来解决，通过个人账号助粉，把潜在客户在个人账号中过滤一次，向主打的公众账号引流意向顾客，直接提升了公众账号的营销起点，直接提高了之后的产品咨询、成交转化、数据维护、售后服务等一系列工作的效率。

6. 打造品牌公众账号

注册公众账号时首先得有一个QQ号码，然后登陆公众平台网站注册即可。申请了公众账号之后，在设置页面对公众账号的头像进行更换，建议更换为店铺的招牌或者LOGO，大小以不变形可正常辨认为准。此外，微信用户信息填写店铺的相关介绍。回复设置的添加分为被添加自动回复、用户消息回复、自定义回复三种，商家可以根据自身的需要进行添加。同时建议商家对每天群发的信息做一个安排表，准备好文字素材和图片素材。一般推送的信息可以是最新的商品推荐、相关资讯、优惠打折方面的内容。粉丝的分类管理可以针对新老顾客推送不同的信息，同时也方便回复新老顾客的提问。一旦这种人性化的贴心服务受到顾客的欢迎，触发顾客使用微信分享自己的购买体验进而形成口碑效应，对提升商家品牌的知名度和美誉度效果极佳。这些是品牌账号的大致运作方法，然而，一个品牌账号的形成不是一蹴而就的，它需要精心的运营和心血的灌溉，在此其中最重要的是运营的内容，内容要符合以下几个方面：

（1）吻合的价值信息。一个账号在注册之前就早已有一个定位，根据产品或服务确定要选择的人群，这个时候基本上就确定了每天推送的信息范畴，如教育类的账号推送内容可以是关于子女教育、就业问题、孝悌之义、心理成长、灵修情感，如果推送市场营销、餐饮经营则难免偏离主题、偏离关注者心理期望。

（2）自动传播触点机制。说到自动传播，难免要提及一个词叫"病毒转播"，之所以会出现病毒式传播，是因为有病毒源的存在。自动传播触点机制就是要有一个传播源，有一个触点让读者主动传播，这个"点"可能是好奇、好玩、震惊、猎奇、怀旧等，比如，中国最牛逼的×××，中国十大×××排行榜，×××内幕揭秘，99%的人不知道的××秘诀。关于这点，自己多订阅几个公众号便会稍微了解到。

（3）适时合理的奖励。之前在微博风靡之时动辄送平板电脑、送土豪金，甚至送现金，对于微信亦可以借鉴。我们可以送一份自助餐券、一份最新某行业报告、一套内部资料等，要注意的是奖励与行动成正比。比如，转发分享到朋友圈一次送一个土豪金，听起来就不现实，而送她一个孩子教育常见问题答疑的内部视频，这倒听起来正常。当然，在别人完成指示后，我们一定要兑现承诺，不能只发空头支票，否则，将是饮鸩止渴。

7. 实体店面同步营销

网络购物给实体店的正常运营带来了巨大冲击，李宁实体店关掉1800多家，电商的销售额已经超过实体店的销售额。但是，事实表明网购便利优惠的同时还尚有许多风险，比如退换货、假冒伪劣、售后滞时等，那么未来5～10年的理想商业模式是什么样的？各大平台都在努力探索，最有可能是O2O模式：线下（实体店）体验，线上（厂家系统网站）购买，由厂家亲自发货给顾客。不论是电商企业还是SNS社交媒体一开始进行这方面的尝试，以微信为代表的移动社交的出现，加速了O2O模式的成形，微信衍生的微信商城有着很好的微信营销机会。实体店也是充分发挥微信营销优势的重要场地。有商家在产品目录的设计中添加二维码并采用会员制或者优惠的方式，鼓励到店消费的顾客使用手机扫描。一是可以为公众账号增加精准的粉丝；二是也积累了一大批实际消费群体，对后期微信营销的顺利开展至关重要。店面能够使用到的宣传推广材料都可以附上二维码，当然也可以独立制作 X 展架、海报、DM 传单等进行宣传。

8. 签到打折活动举例

微信营销比较常用的就是以活动的方式吸引目标消费者参与，从而达到预期的推广目的。如何根据自身情况策划一场成功的活动，前提在于商家愿不愿意为此投入一定的经费。当然，餐饮类商家借助线下店面的平台优势开展活动，所需的广告耗材成本和人力成本相对来说并不会达到不可接受的地步，相反有了缜密的计划和预算之后，完全可以以小成本打造一场效果显著的活动。以签到打折活动为例，商家只需制作附有二维码和微信号的宣传海报和展架，配置专门的营销人员，现场指导到店消费者使用手机扫描二维码。消费者扫描二维码并关注商家公众账号即可收到一条确认信息，在此之前商家需要提前设置好被添加自动回复。微信用户凭借信息在结账时享受优惠。为防止顾客消费后就取消关注的情况出现，商家还可以在第一条确认信息中说明后续的优惠活动，使顾客能够持续关注且经常光顾。

企业开展微信营销就要多角度地推广企业的微信，并让企业的微信成为粉丝关注的焦点，只有这样才可以让企业的微信发挥更大的营销价值。

第三节　微信营销，他们很成功

通过微信，用户能收到最新的邮件、来自腾讯微博的消息、QQ 好友的离线留言等。微信整合了用户手机联系人、邮箱、QQ、腾讯微博等产品功能。以前我们可能需要打开多个 APP，但现在只需打开微信就都能搞定。当然，实现以上功能的前提是用户必须将微信与 QQ、邮箱、手机号进行绑定。

由于微信整合了 QQ 和腾讯微博，同时整合了手机联系人、邮箱等，所以很多微信玩得比较好的人，大多是 QQ 和腾讯的微博都玩得比较好的。利用它们之间的关联，成功地将腾讯微博与微信很好地结合起来。

企业究竟应该如何开展微信营销？我们可以借鉴成功企业或个人的微信营销案例。

微信营销案例 1：六旬老太微信卖水饺

63 岁芜湖老太薛八妹下岗多年，如今却用着时下年轻人最"潮"的方式来创业——微信营销。一个月时间，她通过微信将自制的特色水饺卖出了 1500 盒，逐渐树立起了"薛妈水饺"。口味独特的水饺，让她迅速走红。

薛妈水饺卖点：她包的水饺与众不同，不仅做工精致、材料新鲜，而且其外皮是粉红色和淡绿色的。"粉红色是西红柿汁，淡绿色的是青菜汁。"薛八妹说，自己和面不用水，而是用蔬菜汁。种类有：豇豆苹果鲜肉、青菜嫩笋鲜肉、韭菜粉丝鲜肉、芹菜土鸡蛋鲜肉。

薛八妹的女儿张伟告诉记者，妈妈每天买菜回来后，就开始洗菜、擀面皮、包饺子。事情多又繁琐，可她也不愿别人插手，最多让爱人帮忙摘菜叶。天热为防止水饺口味变差，薛八妹准备了很多泡沫箱和冰袋降温，每盒水饺，都附送私房调制的甜醋和辣酱。薛八妹一天并不接太多单子，每天最多包 50 盒子水饺。

微信营销的想法源于自己喜欢上网，也爱在网上买东西。有一次，她见女儿在网上买甜甜圈，就触发了灵感。（稿源：《江淮晨报》，记者：方佳伟，http://epaper.hf365.com/jhcb/html/2014-06/11/content 4195.htm。）

笔者评语：薛妈水饺靠的是质量取胜，其水饺制作特别，味道深受欢迎。对薛妈来说，微信只是其推广工具，制胜关键是产品有特色、质量过硬。

优化建议：薛妈已有雇人帮忙的想法，建议薛妈水饺进行团队标准化运作，进而快速复制到其他城市。

微信营销案例 2：西少爷肉夹馍

100 天销售 20 万个肉夹馍的。

创业家 i 黑马整理的孟兵口述：

卖肉夹馍是一个商业选择

我是陕西咸阳人，从小是吃肉夹馍长大的，对它有很深厚的感情。但是，我做西少爷是一种商业选择，因为我在做西少爷之前就在创业。我从 2013 年 4 月份开始创业奇点兄弟 IT 公司，后来攒了一些钱，想要换一个项目做。我有三个方面的考虑：一是综合衡量我们团队自身状况、资金、资源等各个方面，觉得比较适合做餐饮；二是餐饮在行业当中体量是最大的，快餐又是餐饮行业中最大的一块；三是我去过一些城市，吃过那里的肉夹馍，我觉得我比他们做得好很多，我对产品有信心。

在开业前我们团队准备了半年，包括考察了几个陕西偏远县城，那里的肉夹馍味道不错。我们做了一些整合和优化后将肉夹漠带到北京。我们不光自己尝，还组织朋友和一些稍微专业一点的人试吃，根据比例决定采取哪个意见。

i黑马注：据大学生创业报道，正式营业之前，孟兵和他的小伙伴们用掉了5000斤面粉和2000斤肉料进行"产品研发"。在配料方面，他们发扬工科生在实验室里的"看家身手"，将油、盐、酱、醋当成是各种化学实验品，配料的用量准确到毫克，并且总结出了一套公式来对肉夹馍的质量进行精确掌握。

我的营销不完全等于互联网思维

开店之前我们团队写了一篇《我为什么要辞职去卖肉夹馍》，在朋友圈有很广泛的传播。这篇文章是我们团队一个合伙人写的，这是我们经历的整合。我们找了北漂生活这么一个很容易产生共鸣的点，文章一出立刻引发了大家的共鸣。当时我们考虑到微博的活跃度在降低，而微信朋友圈在地理上的分布相对集中，所以选择了微信这个平台。除了线上的营销，我们也做了充足的线下营销。比如，互联网出身的我们去做这样一件事肯定会引起大家的关注，所以告诉网易、搜狐等的员工拿工卡或转发会免单。另外我们考虑到老人和小孩不太会用朋友圈，还发了一些优惠券。这样的组合策略效果很好！

我的营销并不完全等于用互联网思维做事，我们团队坚持的是实用主义。首先我们是互联网从业者，但是我们非常尊重传统行业的规则。不管做一家互联网公司探索创业还是一家传统公司探索互联网，都要充分理解两个行业的特征，因为这种结合一定会产生消费体验和商业规则的重塑，要在这个中间找到位置。我们所做的每一步都是符合这个时代和商业环境的。

开业之初的激动与挑战

4月8号开业那天的情景，至今难忘，收获良多。

i黑马注：4月8日凌晨2点15分盂兵难掩兴奋地发了一条微信朋友圈，"紧张筹备中，5个小时后开业"，并配了一张员工深夜忙碌的图。

开业之初面临很多挑战，坦白说，第一天开业时有点脱销。

i黑马注：4月8日晚上11点17分盂兵在朋友圈晒出顾客排长队的图，并说"西少爷"开业第一天，承蒙大家厚爱，场面实在超乎意料的火爆，我们也显得措手不及，本计划免费送一整天的肉夹馍，11点就送光了。

我们的情况有点像网站的后台出问题，第一因为是设备老旧；第二是因为团队或管理还不成体系。我们现在不断地简化流程，缩短排队时间，争取顾客排队时间少于5分钟。我们现在正在努力，保证品质，包括食品、安全、口味，还有消费体验。但是餐饮业是一个成熟的行业，有一个优点是可以用招人来换取这些经验，比如需要麦当劳的管理经验，那么招几个麦当劳的人就可以了，让他们来帮我们建立这套体系。

下一步的布局与革新

我们接下来在望京凯德、朝阳大悦城、新中关购物中心、中关村创业街都会开新店，当下互联网行业瞬息万变，不可能一刀切，我们会有新的宣传策略。产品搭配也会有一些变化，主产品可能会像赛百味，核心的产品再加上一些少而精的备餐，还会推出豆花豆腐脑等。

我最近主要忙招人或者协调资源，因为一下子要开几家店，涉及团队的管理。餐饮行业最难的是做连锁，如果有一两百家店的时候，在每家店店长可能一年见不了一次的情况下，要保证每一家店服务品质，也是很大的挑战。我们必须打好根基，建立好整个体系。

经历造就了孟兵

我创立"西少爷"并非偶然，其实在我小时候家里做过传统生意，而且我在大学时已经开始创业了。我还做过家教、开过家教中介所、销售过电子和体育用品，做过纸媒广告，O2O订餐平台、智能家居、IT咨询，这些经历对我现在做"西少爷"都是一种积淀。毕业后，我从深圳腾讯辗转到北京百度，总共有两年半的BAT从业经历。BAT工作经验对我的影响是润物细无声的。

> I黑马注：孟兵微信的签名是"让你看到更大的世界，这本身就是最大的意义"，在他看来影响力、精神上的愉悦感更加重要。

我们以后会对老产品进行提升，也会不断出新产品。未来我想把"西少爷"开到全国。

（文章来源：i黑马 http://newshtml.iheima.com/2014/0807/144755.html。）

笔者评语："西少爷"肉夹馍线上营销主要靠团队，线下营销也有优惠券等，由于他们原来是互联网从业者，从事微信营销还是有优势的。优化建议："西少爷"肉夹馍已经有了席卷全国的想法，建议摸索出一套标准化运作流程，然后通过招商加盟快速复制到全国其他城市。

微信营销案例3：7天连锁酒店

微信成功案例之7天连锁酒店

6个月时间，7天连锁酒店公众号从0增长到100万粉丝，其中80%用户是7天的会员。通过7天微信公号订单量日均突破5000单，远远高于OTA平台订单。退订比例由原先20%降到4%。7天微信运营团队并不庞大他们只有1个微信运营、2个技术开发和30个微信客服。

提升用户客服体验

相较于招行微客服产品，酒店行业因其业务特殊性并不能完全依赖机器人应答，更多还是得用人工去处理，但微信客服相较于电话客服来说，具备延时应答，一对多应答，通话数据可存可查，住客方便管理等特点，大大提升了客服的工作效率，以前100个人每天的电话接听量在5000个左右，而使用微信客服30个人每天能处理10000多次会话。

"7天约稿"增加用户互动

对于大多数品牌商来说，微信运营的一个关键是如何以用户更愿意接受的方式向其传递信息，除了被动接受信息，用户主动贡献内容也是微信运营的另一个方向。7天的招数就是向用户约稿，增加微信用户参与度。

微信约稿让用户互动的活跃度居高不下。另外，移动端本来适合阅读，而微信公众号的一个特色也在于订阅，有很强的阅读属性。同时为了更有效地激励用户投稿，7天对投稿用户给予5000积分的奖励。

人性化纯文字自动回复

多数微信公号回答用户日常疑问的自动回复是图文消息，而7天则采用纯文字方式回复。这样做有什么秘诀么？1）纯文字回复速度快，相比图文消息，还有一个加载过程；2）纯文字回复直观，直接把答案说出来，不需要阅读图文再体会其中意思；3）纯文字回复更适合人与人的交流，拉近酒店与顾客的关系。

一键订房

微信用户只要关注 7 天连锁酒店官方微信公众账号"7 天会",然后在微信里一键搜索心仪分店,并完成订房、支付。整个购买流程全程只需要 5 秒钟,订房支付一步搞定。而平常最晚只保留 20 点。品牌的传递在于用户的参与和互动。7 天充分发挥互动的作用,无论约稿增加用户分享的主动性,还是人性化的自动回复减少冗余环节和降低时间成本,这些都是站在用户角度考虑,哪怕一丁点细微的改进都要想着如何让用户再轻松一些。(来源:微夹 http://www.weijia520.com/weianli/300.html。)笔者评语:做的相当不错了,互动营销、顾客体验都有涉及。

优化建议:无。

微信营销案例 4:两条微信如何卖出 400 盒咸鸭蛋

我每天都会收到很多朋友的咨询,有一个问题大家都很迷茫,不知所措,就是他们有产品,可是不知道如何在微信上推广和传播,不知道如何下手?很多朋友以前是做传统行业,手里有产品,也有工厂,看到微信上这么火,也想尝试做一下微信营销。

刚好我最近在微信上协助我的会员健身哥策划了一次咸鸭蛋销售,取得了一个不错的效果,在短短的十多天里,健身哥通过微信朋友圈成功销售了 800 多盒咸鸭蛋,一盒 58 元。通过我的推广和策划,卖出 400 盒咸鸭蛋,占了他销售数量的一半多,这个数据我还是比较满意的。

健身哥,柴子会成员,也是我的首批会员。咸鸭蛋是他自己要在朋友圈去推广的,但没有太多信心和把握,在那次宁海聚会上,健身哥就问我应该如何去推广,有没有什么建议?

我先听了他的思路,主要停留在介绍咸鸭蛋的营养价值上,我一看立马就给他否定了,指出咸鸭蛋最大的价值不在于营养,而是一种情感和味道。我本人是比较喜欢吃咸鸭蛋。经过我和他的沟通,以及我对咸鸭蛋的了解,我帮他作了一个简单的策划,并协助他在我的朋友圈进行营销和推广，达到一定的效果。我认为有几个方面做得是比较成功的。

挖掘故事，情感营销

首先，我们认为买咸蛋吃的人应该注重两个方面，一是蛋的味道，是否腌制的好；二是有一定的情感在里面。我第一次在我的朋友圈帮他宣传，发了一条微信，大致内容如下：还记得我们小时候端午节吃的咸鸭蛋吗？现在的你还怀念那种味道吗？喜欢吃的朋友请留言，说出爱它的理由，送出十份咸蛋蛋。就这么一条微信引来了360多位朋友评论围观（200多个点赞），他们纷纷说出他们有关咸蛋蛋的故事。

那条微信，挖掘了很多感人的故事，当时看的时候都有种要流泪的感觉，这也说明达到了我们的活动的效果，证实了咸鸭蛋的卖点在于情感营销。当时我们也送出了10盒咸鸭蛋给十位朋友，他们收到咸鸭蛋后都积极在朋友圈分享，起到了一个宣传的作用。

造势预热，吸引眼球

在朋友圈卖东西，预热很重要，要造成一个神秘感，这样才能吸引大家的关注，先发布预售，等过几天才发货，这些都是造势。但是造势是非常有讲究的，造势的前提是你与微信好友有一定的黏度和信任度。这健身哥在他的朋友圈预售的时候，同时在我的朋友圈进行预热。当天健身哥发布预售，就产生了有300多盒的订单，一次就让健身哥的咸鸭蛋品牌打响，引爆朋友圈。

借力营销，提升名气

在这么短的时间卖出800盒咸鸭蛋，如果紧靠健身哥一个人的力量是不够的，他在发布预售后，很多圈内的好友都帮他在朋友圈分享和推广。在朋友圈营销，一定要借助身边的朋友，尤其是有一定影响力的人去帮你推广。我只帮健身哥分享了两条，就帮他带来几百个好友，400

盒的销售。

我在分享健身哥咸鸭蛋的时候，并没有直接把他的微信号公布出来，而是等有很多朋友点赞和评论后我再统一回复，这样的回复会比直接放在微信里好，可以起到再次宣传的效果，又不会显得广告性那么强。

灵活多变，满足需求

在微信上卖东西，不像淘宝有系统化流程操作，微信完全靠人工去完成。自我第二次在我的朋友圈帮健身哥分享后，帮他增加了近 300 个好友，一推广，马上就有很多人咨询和购买。他告诉我，自我帮他推广后，他就没有停过，有些客户没有支付宝，不会用微信红包。一个朋友，没有支付宝，给健身哥充话费行不行，买了两盒咸鸭蛋，一共是 116 元，一次性充了 150 元，还多了 34 元，然后健身哥又反给他充了 30 元。一来一去，他们还建立一种很好的关系。

健身哥为了方便大家，采用多种支付方式，如 AA 付款，银行卡转账，微信红包，支付宝，甚至充电话费都可以。在微信上接单，我们尽量满足客户的需求，把每个微信好友当作你的好朋友，认真服务，耐心解答。只有这样，人家在收到你的产品时，就很乐意帮你在朋友圈去分享。（来源：品途网专栏作者柴公子 http://www.pintu360.com/35392.html。）

微信营销案例 5：跟榨菜哥学微信营销

因此做好微信营销，对品牌知名度和提升销量都至关重要。那么，怎么做微信营销呢？来看看榨菜哥的微信营销经验谈。

1. 用什么样的思维来做微信营销

做微营销，需要用逆向思维，抛弃传统营销概念。从打造个人品牌开始。打个比方：淘宝是一个平台，好比一个池塘，里面的水就是流量，鱼就是客户，但是这个池塘是马云给我们建好的，我们只管跳进去捕鱼（做广告，卖产品），池塘大小又是固定的，鱼的数量也有限，人越多，分到的鱼越少，久而久之，会被饿死。但是微信不一样，一个微信号，就是一个人，一个点，从一个点如何做到一个池塘，一个江河，甚至是一个大海，全凭自己的努力运营。

微信是只是一个工具，营销是建立在好友信任感基础上，在微信上卖货，最好的理念就是要让朋友觉得是在向他提供好产品，要借助微信塑造个人品牌，让好友相信你。

2.明白做微信营销的最基本的道理和玩法

玩微信其实就是：混圈子，结人脉，做口碑，塑造个人品牌，最后才是卖产品，招代理。但是核心是4个字：诚信，口碑。

大家把目光放远一点，不要局限于如何加粉丝。我从一开始就改好了微信名，换好了头像，注册好了商标，定位就是做家乡的榨菜．我出发点就是干是实事，不忽悠。

以下是我总结的补粉的方法：

（1）不管做什么产品，首先要包装自己。

（2）分享干货文章心得。

（3）分享产品安全健康知识，满足朋友的价值需求，记住朋友圈是拿来分享，而不是打广告的。

（4）有新闻的图片信息和行业有关信息，发布与产品特色相关的需求信息，经常发一些有价值的干货。

（5）学会在朋友圈互动。有点赞或者评论一定要回复他，是尊重别人，他下次还会精彩点评。

3.知道人脉，圈子的重要性

加大咖，傍大款，站在巨人的肩膀上，站得高，看得远。跟什么样的人在一起，决定了你事业所能到达的高度。多走出去，多认识一些人，多看看外面的世界，线下交流最接地气。

4.打造个人品牌，让大家记住你这个人，而不是产品

做到手中无剑，心中有剑。做好产品定位，每天发高质量的朋友圈内容，以互动为最终目的。

5. 掌握朋友圈互动的技巧

在粉丝少的时候，尽量评论每个粉丝发的朋友圈，如果到后期，粉丝很多，刷屏厉害，那就在自己发的朋友圈里面，尽量回复每一个粉丝的留言，让他们觉得你在乎他们。关键是真诚，不做作。

6. 推广和卖货的技巧

在推广产品的时候，切记不要只发产品，重要的是挖掘需求。

我卖榨菜，不会直接发榨菜产品图片，我会通过发榨菜嫂用榨菜做成的美食去吸引大家，深入挖掘自己产品的特色和功能。我记得有个粉丝很可爱，她说平时不喜欢吃榨菜，但是很欣赏我这个人，一定要买我的榨菜，我很感动。

如果实践一段时间之后，有心得体会，一定要写出来，分享给大家，不需要有多好的文采，越真实越接地气的东西越吸引人，可以给你持续带来粉丝。好的文章，每天都有人阅读转发，每天都会有很多人通过文章加关注，成为你的粉丝。好的文章，不仅能帮助别人，也能自己带来粉丝，而且通过这样加进来的粉丝黏度非常高。（信息来源：派代网 super 宁哥，http://bbs.paidai.com/topic/262856。）

微信营销案例 6：微信卖桂花鸭月入 50 万元

最近正在研究一个案例，就是一个月销售额达 50 万的南京桂花鸭。案例的主角张自创在优米上面的分享，还原了他在微信电商转化过程中的经验与得失，以及他对微信运营的理解。

1. 微信的 4 个运营闭环及其作用

从微信的界面上来看，微信分四块：微信公众平台，朋友圈，微信群，点对点交流。

微信的运营闭环是如何把这四个点结合的？如果单独一个点来做的话可能对微信运营产生没有那么好的影响。举一个比较简单的例子，微信公众账号订阅号每天发了一条信息，如果只有 1000 个粉丝，那么也就只有 1000 个粉丝可以看到，但是现在有了朋友圈就不一样了，你这

1000 个好友，只要文章的内容写得好，他就会分享到朋友圈，每 1000 个好友里面每人至少有一两百好友，他的基数有可能就是 1 万或者 10 万的增长。就是朋友圈来转发公众平台的内容。

微信公众平台的闭环就是四个点的结合，如果单单的用公众平台或者朋友圈效果没有相结合达到的效果更好。

2. 用微信卖东西要分三步走

（1）打造一个完美的虚拟形象。

用微信公众账号创建了一个虚拟人物，给她定位好，比如说她是一个大四的学生，她在什么学校上学，然后她学的是什么专业，她住在哪里，她家里是做什么的，所有的一切都规划好，然后找了一个模特，把她所有的素材都拍好，如她在吃饭的时候的照片，她在上课的时候的照片等。

（2）让信息在信任的关系链中流动。

（3）利用节日抓住商机。例如，圣诞节电商活动；春节电商年货；中秋节电商礼品。（卖的是圣诞帽，圣诞袜之类的）（桂花鸭）

第四节   微营销：微信也要玩整合

微信、微博带动的一波微营销，为企业开展营销提供了新的平台和机会。但是，微信营销只是一种形式，虽然微信具有较强的营销价值和功能，但是微信营销在一定程度上还需要与传统的营销相结合。

腾讯通过微信与电子会员卡结合，为会员卡营销带来了新的发展机遇。微信通过进入优惠券领域，把电子会员卡在北京、广州、上海做到老少皆知后，来到了口碑卡的诞生地——杭州。微信电子会员卡仅在"外婆家"运行一个月，就收获 3.5 万名粉丝，每天有超过 1500 人在使用。从最开始的折扣行、丁丁优惠券、布丁优惠券这样的 APP，到苹果推出的 Passbook 优惠券集成软件，再到微信会员卡，越来越多人已经习惯把优惠券装进自己的手机里。

浙大女生金晶是个"优惠控"，之前她的包里总是装着一大堆优惠卡，肯德基、麦当劳的优惠券，口碑卡点评卡等。自从用了智能手机，她的钱包就变得越来越扁了。最近，她用上了微信会员卡，"我在'外婆家'看到海报上说扫一下就能打折，就试用了一下。"金晶说，第一次使用，服务员给了一扎酸梅汁，还打了9折。"不用填个人资料，也不用会员费，手机一扫就打折，感觉还不错。现在每次跑到一家饭馆，只要有二维码，我就会扫一下。"通过微信扫描二维码的方式安装会员卡，使手机变身卡包。顾客扫描商家独有的二维码展牌或贴纸，就可以安装，整个过程不超过1分钟。

自开通以来，微信电子会员卡旗下的品牌商家已经超过1000个，涵盖餐饮、旅行、服装、商城、娱乐等众多行业，如持有微信电子会员卡的会员入住汉庭酒店就享有8.5折的优惠。大多数年轻人不喜欢实体卡，虚拟卡并非微信原创。在国外，当用户走到星巴克时，苹果Passbook 会自动弹出相应的优惠券，并可直接在POS端完成销售。相比之下，微信会员卡还不完善。

大众点评网在最新一版的手机客户端中加入了会员卡功能，CEO张涛希望未来通过手机就能直接订位订菜并享受优惠。网友@爱吃糖糖的小豆子在微博上说："随着点评、丁丁、格瓦拉，以及各大旅行网站和航空公司开始全面支持虚拟会员卡，随时随地领取优惠券，还可以参加限时特惠活动，出门只要手机＋充电器就够了。"艾媒咨询发布的《2012年度中国O2O市场研究报告》称，2012年中国O2O市场规模达到986.8亿元，环比增长75.5%。预计2015年市场规模将达到4188.5亿元。目前，数十款手机会员卡功能基本相似，真正能活下来的估计就两三个巨头。

业内人士称，南方一大型商场曾做过统计，在5年里发行10万张卡，仍在使用的只有 1 万张，其他的 9 万张多被损毁、丢失、抛弃。有记者在朋友圈做了个小调查，70% 以上的年轻人认为，实体会员卡不易携带，统统装进手机是个好方法。

2012 年已经是手机短信应用的 20 周年，有媒体预言短信的衰退已成定局，而微信现在正处在快速成长期，并正引领着一个新时代的到来。2012 年电商大战此起彼伏，当各大平台为价格战头破血流的时候，聚美优品又一次抢跑潮流，超越了简单的下单和物流式 APP，在移动互联网用户体验性应用方面，率先拓展微信平台，推出聚美微信与会员互动。随着业务的发展，聚美微信也升级推出微信会员卡业务。

聚美优品推广微信会员卡活动

聚美优品微信的粉丝们，去领取专属微信会员卡，就有机会获得 100 元的优惠券，同时聚美针对微信会员卡经常会有更多的优惠活动。微信会员卡便捷的开卡模式、方便的优惠途径确实受到了聚美用户的欢迎。用户不用下载任何特殊软件、不用花费成本、不用填写表格、不用留存任何纸张、不用服务员的引导，只要拿出手机，四次轻触手机，即可收到会员卡，极具效率。

随着科学技术的发展，营销手段也日新月异，企业要搭准营销时代的脉搏，用最便捷的手段为用户提供最具价值的服务。微信集文字通讯、图片分享、语音对讲、LBS、摇一摇、漂流瓶、视频会话等诸多社交手段于一身，能够将人们从打字的牢笼中解脱出来，在满足用户本身对社交需求的基础上，也一进步拓展了用户的沟通宽度与深度。在移动互联网的应用中，微信正在建立新的社交形态和规则。

在这个方面，微信完美地融合了企业品牌传播和用户互动。微信会员卡的推出，对于提升微信营销的价值，加强用户与企业之间的互动方面发挥了不可替代的作用。

微营销是现代一种低成本、高性价比的营销手段。与传统营销方式相比，"微营销"主张通过"虚拟"与"现实"的互动，建立一个涉及研发、产品、渠道、市场、品牌传播、促销、客户关系等更"轻"、更高效的营销全链条，整合各类营销资源，达到以小博大、以轻博重的营销效果。虚拟的部分由微信的功能可以实现，而现实部分则需要企业通过自身的营销系统来努力构建。

在如今以市场需求为主导的经济时代，消费者的需求呈现出精细化和多样化的特点，细分市场迫在眉睫，同时在互联网技术快速进步和应用的刺激下，整体市场的发展节奏也在不断加快。因此，企业需要建立一套灵活的管理机制，不断优化企业结构和相关服务，轻装上阵，以自如应对不可预知的市场变化。

在这种大环境中，"微营销"的概念应运而生。市场营销作为企业实现盈利的重要辅助环节，被众多企业经营者当做制胜的法宝，然而传统粗放式推广方法已不能满足精细化市场的营销需求，企业投资回报率也在不断下降，因而市场亟待出现一种更为快捷高效的营销途径。

随着整个互联网经济的快速发展，以网络为传播平台的营销行业如雨后春笋般迅速壮大，其整体服务水平也呈现出阶梯式增长，并诞生了以网络技术为基础的精准营销模式。移动互联网时代的到来，使社会化媒体与生活的联系更加紧密，营销传播开始迈向崭新的 3.0 时代，一股全新营销浪潮迎面来袭，其核心就是注重媒体渠道的创新、体验内容的创新以及沟通方式的创新，强调虚拟与现实的互动。这些最适宜的承载平台正来源于社会化媒体的运用。

要想达到低成本、高性价比的"微营销"，创意和新传播手段必不可少，在微博时代，碎片化的媒体传播方式正为这种四两拨千斤的营销提供了可能。在网络经济时代，创意成为营销不可或缺的驱动力。众多商家充分运用创意营销，彻底颠覆传统营销思路，让消费者在互动中感受企业理念，在主动中感知产品信息。

1. 微信营销与线下营销结合

微信营销属于移动互联网营销范畴，是线上营销，微信与线下营销结合，意味着线上与线下的结合，这就是很多企业已经涉足探索的O2O模式。O2O形式就为实体店展开电子商务供给了一种新型形式，O2O具有本地化等特点，所以不是所有方法都一定适合，经过尝试最有效的O2O推广方法是用地区论坛推广、微博推广、大众点评网、团购网等平台来实现。O2O实现有两个关键，第一是把线上的目标客户吸引集中一块，第二是把线上用户导入线下。如果利用团购网来推广操作就十分简单了，到各大团购网申请一下就可以了，但要把握住核心竞争力的两大点"低折扣"和"高服务"。

2. 微信营销与微博营销的整合

我们都知道，在微博推广，如果没有一定的创意是很难吸引到用户的，很可能发出一条信息就石沉大海。做网络推广就怕没反应。尤其是那种需要让用户亲自去线下体验的产品或者服务，要说动顾客购买是很有难度的。还好可以用借力营销，在微博中找出热门话题，然后融入到你自己发的微博中。建议挑选的话题与你店铺主题相关的，这样别人搜索热门话题时就会更容易发现你发的微博；还可以利用微博搜索产品相关关键词，之后找到那些发布此类需求的用户。以新浪微博为例，它有一个高级搜索功能，可以把信息和用户精准锁定在指定的某个城市里，而且还可以选择指定某一时间段发送相关内容的用户微博。

3. 微信营销与微视的整合

微视是一个短视频分享平台。登陆之后，任意打开一个微视频，点击视频右下方的选项按钮，随后在弹出的分享菜单中点击"朋友圈"或"微信好友"图标，接下来可以输入想要说的文字内容，点击"发送"按钮即可，如果是分享到了朋友圈，你打开自己的微信朋友圈，即可看到刚刚分享的微视频链接了。

4. 微信与 QQ 空间的整合

QQ 空间依托 QQ 而存在，气流量是非常大的。在 QQ 空间推出认证之后，一些认证空间的人气也是不错的。相对于微信朋友圈，QQ 空间的开放性更强一些，我们可以把朋友圈的分享同时发到 QQ 空间里面，并附上微信账号，只要内容足够经典，转载起来要优于朋友圈的传播速度和扩散能力。如果你同时有一些大咖的微信和 QQ，你会发现，每次他们发表说说之后，在朋友圈也会有同样的信息，这是他把信息发到了不同的平台。

5. 微信营销与 PC 端网络营销的整合

微信利用移动互联网，一般都是在手机登录，如果在电脑登录需要装一个模拟系统。相对于移动互联网来说，PC 端的网络营销方式更多，如博客营销、论坛营销、视频营销、文库营销、问答营销、百科营销、淘宝营销、B2B 平台营销等，做微信营销，可以在 PC 端做微信的账号及二维码推广，就是营销人常说的的线索营销。只要登录这个平台，有技巧地发布相关信息，到处留线索，让潜在用户更容易发现我们。

第五节　微信营销来袭，你该行动啦

微信发展至今，绝非只是一个通讯的工具，它承载了腾讯公司的平台梦想。腾讯在 QQ 上已经积累了足够的经验，那就是一定要吸引足够多的用户，在这个基础上进行商业模式的拓展。微信已经完全做到了这一点，不过微信绝非为了吸引用户本身，微信的最大的价值在于对微信用户的关系链挖掘，微信具备足够的能力通过 QQ 用户、手机通讯录和附近的人等功能，进行用户关系价值链的挖掘。

　　腾讯努力发展微信产品还有一个重要的原因，那就是腾讯的 QQ 需要一个强势的补充产品。随着 QQ 的不断发展，产品已经进入了成熟期。同时，随着用户对即时通讯产品的选择越来越多，在一定程度上对 QQ 产生了巨大的威胁，腾讯显然已经意识到了这一点。如何把微信打造成一个更加具有商业价值的平台，决定了腾讯对微信产品的重视程度。

　　加强增值业务和微信平台的构建，让增值业务为微信平台带来更多的商业价值。虽然腾讯官方没有表态，但微信的另一种颇具前景的商业模式已经呼之欲出，那就是精准营销平台。实际上，O2O+LBS 得天独厚的优势，使得微信有潜力成为比微博更有效的精准营销平台。但这显然涉及用户体验和产品功能升级等一系列复杂的问题。

　　在人际关系链上，微信比 QQ 多出了两个维度：手机通讯录和周边的人。这给人们关于其商业价值前景提供了最大的想象空间。然而，微信却难以此建成一个独立且闭环的商业模式，三个原因为微信圈定了这种可能性空间。

　　其一，移动互联网的特殊性。用户基于 APP 的使用习惯，产品功能与后台工具堆放的空间有限。必然决定了微信的客户端不能过度膨胀，张小龙在内部演讲中也承认，大而全的 APP 是无效的，移动终端用户更喜欢谷歌的"不停留"理念。张小龙还以 QQ 邮箱为例，说明对腾讯来说，"活跃用户"这一概念有着极为苛刻的停留时间定义，这样才能产生商业价值。显然，在这一点上，微信自身产生了悖论。

　　其二，微信与 QQ 的产品冲突。现在微信，已经加入了 QQ 离线信息功能，而移动版 QQ 则加入了语音功能。两者的功能越来越重叠。虽然腾讯需要一款 QQ 的"战友"，但毕竟 QQ 已经形成了较为成熟的产品风格和商业定位，并且还有着自己独立的盈利模式（如 QQ 空间）。"用微信替换 QQ"这种徒劳无功的结果显然不是腾讯公司想看到的。

其三，腾讯的整体战略决定了微信的产品定位。如果把上市和腾讯的架构重组，看做腾讯的两个里程碑。在第一阶段，腾讯的主要收入来源是背靠 QQ 的虚拟道具和基于短信增值服务；第二阶段的主要收入来源是背靠 QQ 的游戏（包括网游和 Java 手机游戏平台）；第三个阶段，腾讯必然会把网络媒体、社交和电子商务这三者进行有机结合，腾讯利用 QQ 和微信这两款产品，完全具备占据用户移动终端的能力。

在微博、微信强势崛起的今天，企业不得不正视微信营销带来的价值，微信营销的价值在于敢于解决和正视用户数量与用户质量的问题，在这一点上微信的决心是有目共睹的。甚至有人断言，微博的价值在于粉丝多，但是最大的问题在于这些粉丝是否是真实存在的。而微信对于用户的控制以及对于有价值用户的管理，就显得非常的严谨。在微信崛起的背后，越来越多的企业希望用更小的成本实现更大营销目标的需求。

用心做好自己是微信营销成功的基础

现在，有越来越多的人在研究微信营销。

很多人将研究的方向聚焦于草根如何做好公众账号。草根微信营销是较早觉醒的一部分群体，这个时候较少有企业开展微信营销。微信营销的价值所在是强相关性，草根微信能够做好的就是把内容做到极致，但是，如果草根微信采取传统的微博营销的方法，对其粉丝进行广告推送，势必造成粉丝对草根账号的反感。在一定程度上，微信现有的公共平台的模式对于一些草根开展微信营销设置了一些小小的障碍。草根微信营销的模式还在进一步的架构和实现中，不排除可以出现更好的草根微信营销的途径和方法。微信营销的价值更加倾向于 B2C。相比微博营销来说，目前微信营销的趋势逐步向企业官方微信倾斜，草根大号推送广告的效果呈递减趋势。网民更信任官微的信息，特别是由企业官方微信带来的产品链接的点击比率不少。

微信的公众平台可以解决两个层面的问题：一是解决了用户对信息的针对性的需求；二来是布局移动电子商务和O2O领域。微信在其产品所设定的战略目标上，公众平台仅仅是其中重要的一环。微信的未来掌握在企业和商家手上，也掌握在用户手上。微信的价值在于它的未来，微信的架构能够彻底改变互联网的未来，微信的布局在于下一步互联网的发展，那就是移动互联网。

微信的目标是打造一站式在线生活服务，极大地整合旗下产品满足用户需求是腾讯一贯的产品战略。腾讯副总裁张小龙认为，二维码就是移动互联网的入口，先解决了信息流的问题，再整合了财付通解决了移动支付资金流的问题。微信未来的产品发展方向越来越明确，移动电子商务是其主打服务。可以预见的是，微信插件将拍拍、QQ团购整合进来是迟早的事情。腾讯在传统互联网领域弱于阿里巴巴的淘宝。腾讯在移动互联网的发展会加大筹码，将腾讯的优势资源进行整合，以实现腾讯的战略张力。腾讯架构开放平台，支持APP的应用，让更多的企业、银行、媒体和游戏供应商纷纷涌入，为腾讯未来战略的实现提供源源不断的动力和支持。

许多微信用户都在观察微信会不会引起O2O爆发，答案完全是肯定的。微信不仅仅是社交工具、通讯工具、媒体终端，更是一种生活方式。微信的用户会越来越发现自己离不开微信。吃饭的时候可以用微信选餐馆，住酒店的时候可以用微信预订，订购车票的时候可以用微信支付，出示会员卡享受购物优惠可以用微信扫一扫，交水电费手机费可以用微信，医院挂号可以用微信。当微信产品逐步完善到涉及生活每一个角落的时候，微信所架构的移动商业王国就真正实现了。

微信是未来移动互联网最成功的一款产品。微信通过建立私密社交打通每个人现实的社交网络，以朋友关系链构建相关消费者群体的价值链，以消费群体的价值链实现消费者价值区隔，达到精准营销的商业目的。微信作为以人为核心的营销工具去传播各类信息，并最终形成人与人之间的闭环。O2O所需要做的就是找一个点进行切入，而微信作为一个平台和切入口显然是最为合适的选择。微支付的开通、微信商城的推出，让微信在O2O模式的地位更为稳固。

微信营销没有最好的模式，只有更适合自己的方法，目前来说微信营销的价值主要集中在维护顾客和营销价值释放上，尚没有明确的最佳成功模式，最重要的是适合自己的情况，适合自己的产品或服务，不断优化、提升。微信营销的本身并不是更多的关注微信产生直接的价值贡献，更多的是体现在价值的持续释放上。从传播层面看，过于直接的营销传播效果往往适得其反，渗透性的营销效果似乎更佳。

用科学的方法进行微信营销管理

对于微信营销来说，开展起来并不像微博营销那样来得快，微博可以迅速增加粉丝的数量，而微信则需要企业一步一步地构建稳固的粉丝群体。微信的价值是稳步实现的。投机取巧只会失去未来的市场。对于企业来说，在开展微信营销的时候，需要理性的心态和科学的方法，盲目跟进对于微信营销来说没有太大的意义。只有经过用心构建的微信营销，才能为企业带来巨大的商业空间。可以假设，企业微信的粉丝都是企业最忠实的拥护者，他们对企业的关注就是希望企业能够为其提供最具价值的产品，而这些完全经过选择的粉丝，在传统营销中是很难做到的，这就是微信营销的价值所在。

微信必将是腾讯未来新的增长动力，就如马化腾等腾讯高层在公司内部会议上所说的——微信不是增量而是一种迁徙。但也正因为如此，在今天，它需要的恰恰是谨慎小心地寻找用户习惯、用户价值与自身想象力扩展的微妙平衡点。这在一定程度上，说明腾讯对于微信产品采取的是一种谨慎的态度。腾讯谨慎地引入品牌营销，小心地构建第三方内容推动，把每一步都迈向用户价值而不是自身的价值变现，让用户跟随微信的习惯变化，每一步都是正循环而不是用户兴奋尝试后的恼怒和抱怨。

　　微信营销任重而道远，任何对微信营销的懈怠都将为企业未来的营销带来不可弥补的损失。我们在认真地准备微信营销的同时，也要不断优化企业自身的营销系统，合理配置微信营销与企业自身营销系统资源，最大程度地实现企业微信营销的价值。